课题资助项目：

山东省高等学校人文社会科学研究项目《基于微课的大学外语教师专业发展模式构建研究》（J15WC73）

山东省社会科学规划研究项目《MALL嵌入的大学英语混合听说模式构建研究》（17CWZJ11）

德州学院学术出版基金资助

基于微课的大学外语教师专业发展研究

周世燕 著

中国社会科学出版社

图书在版编目（CIP）数据

基于微课的大学外语教师专业发展研究/周世燕著. —北京：中国社会科学出版社，2018.1
ISBN 978-7-5203-1578-4

Ⅰ.①基… Ⅱ.①周… Ⅲ.①高等学校—外语—教师—师资培养—研究—中国 Ⅳ.①G645.1

中国版本图书馆 CIP 数据核字（2017）第 288637 号

出 版 人	赵剑英
责任编辑	陈肖静
责任校对	刘 娟
责任印制	戴 宽

出　版	中国社会科学出版社
社　址	北京鼓楼西大街甲 158 号
邮　编	100720
网　址	http://www.csspw.cn
发行部	010-84083685
门市部	010-84029450
经　销	新华书店及其他书店
印　刷	北京明恒达印务有限公司
装　订	廊坊市广阳区广增装订厂
版　次	2018 年 1 月第 1 版
印　次	2018 年 1 月第 1 次印刷
开　本	710×1000　1/16
印　张	15.5
插　页	2
字　数	209 千字
定　价	66.00 元

凡购买中国社会科学出版社图书，如有质量问题请与本社营销中心联系调换
电话：010-84083683
版权所有　侵权必究

目　录

前言 …………………………………………………………（1）

第一章　外语教师专业发展导论 …………………………（1）
第一节　教师专业发展内涵 ………………………………（1）
第二节　外语教师专业结构 ………………………………（5）
第三节　我国外语教师专业发展现状 ……………………（16）

第二章　微课程教学 ………………………………………（22）
第一节　微课程介绍 ………………………………………（22）
第二节　外语微课程设计 …………………………………（32）
第三节　微课程思考与实践 ………………………………（40）

第三章　国内外微课堂与外语教师专业发展模式研究 …（46）
第一节　国内外微课堂研究综述 …………………………（46）
第二节　国内外外语教师专业发展模式研究综述 ………（52）

第四章　微课下的外语教师专业发展策略 ………………（58）
第一节　新时代的外语教师职业特征 ……………………（58）
第二节　外语教师职业专业发展策略 ……………………（61）
第三节　微课下的外语教师专业发展模式实现途径 ……（65）

第五章 微课下的外语教师专业发展模式构建 ……………… (75)

第一节 基于微课的外语教师专业发展目标 ……………… (75)
第二节 基于微课的外语教师专业模式构建 ……………… (78)
第三节 外语微课堂制作模块构建 ………………………… (83)
第四节 外语微课堂点播交流构建 ………………………… (98)
第五节 外语微课堂教师专业发展构建 …………………… (102)
第六节 微课程下外语教师专业提升优势 ………………… (120)
第七节 微课程下外语教师专业发展模式中的把控要点 … (123)

第六章 基于微课的外语教师专业发展模式促进机制 ……… (125)

第一节 课堂观察的促进机制 ……………………………… (125)
第二节 教学案例的促进机制 ……………………………… (130)
第三节 共同体互助的促进机制 …………………………… (135)
第四节 课堂录像的促进机制 ……………………………… (139)
第五节 教师档案袋的促进机制 …………………………… (150)

第七章 大学英语微课堂的教学应用实例 …………………… (159)

第一节 微课堂教学应用实例 ……………………………… (159)
第二节 微课与翻转课堂教学应用实例 …………………… (169)
第三节 两个微课程的教学应用小结 ……………………… (180)

第八章 外语教师教育科研的基本方法 ……………………… (182)

第一节 文献研究法 ………………………………………… (183)
第二节 观察法 ……………………………………………… (194)
第三节 问卷调查法 ………………………………………… (205)
第四节 实验法 ……………………………………………… (221)

参考文献 ……………………………………………………… (236)

前　言

英语是当今国际通用语言之一。作为最重要的信息载体，它已经渗透到人类社会生活的各个领域，成为各国教育发展战略的重点，相应的，外语专业教师已经发展成为外语教学研究的新课题。

本研究在对教师专业发展、外语教师专业发展和微课堂的教师专业发展研究进行文献回顾的基础上，发现外语教师专业发展研究中重实践陈述、轻理论提炼，质的分析多、量的论证少，时间跨度短、研究维度少、从研究者角度研究教师的研究多、教师研究发展自己的研究少，等等弊端，并提出了基于微课堂下的外语教师专业发展的核心概念、内涵、特征及模式。研究者认为，"基于微课堂下的教师专业发展"涵盖三个层次的要素：第一层次是教师的自主专业发展意识；第二层次是教师在具备自主专业发展意识的前提下，主动地对自己的教学、科研、情感等方面进行深入了解、研究、探索和反思等实践活动；而第三个层次则是指教师为了实现自己的专业发展，参考同行业教师、专家，甚至社会各界人士的教育观点和教学建议，进行一系列的规划、实施、调整、反思、评估的螺旋式上升的行动研究。本研究在此基础上观察与分析了研究者进行的基于微课堂下的外语教师专业发展行动研究，对外语教师微课堂的案例进行介绍，并分析了微课堂教学的优势和收获，对大学英语教师填写的教师专业发展需求问卷，证实了微课堂教学对英语教师专业发展的重要影响作用。

从研究理论和研究方法的层面来说，本研究文献综述尽可能涵盖了基于微课的外语教师专业发展的理论成果和实证成果，对带有创新性质的核心概念进行了界定和阐述，并采用了不同的研究方法和先进的研究工具来进行数据资料的收集和分析。从实践的层面来说，本研究的历时研究时间跨度较长，尽可能呈现出单一个案专业发展中的具体情境和多维度描述；同时，进行了单一个案的实证研究，从点到面，推进了教师专业发展研究的实证性和概括性。

虽然以定性研究为主的本研究有不少的局限性，如叙事研究和个案研究有较大的主观性，研究方法及其使用有待进一步合理有效，对影响专业发展的外部因素缺少足够关注，部分文献综述没有进入深入点评等，但是本研究可以作为外语教师专业发展理论和实践方面一个有意义且有益的探索，为那些有志于自己的教师专业发展的教师提供个案的参考和启示，鼓励和帮助他们进行以自身为资源的教学、科研、学习、反思和合作的教师专业发展研究，建立一个个以自身为资源的教师专业发展共同体，从而改善我国英语教师专业发展现状。

本研究为山东省高等学校人文社会科学研究项目《基于微课的大学外语教师专业发展模式构建研究》（项目号：J15WC73）和山东省社会科学规划研究项目《MALL嵌入的大学英语混合听说模式构建研究》的研究成果。

第一章

外语教师专业发展导论

第一节 教师专业发展内涵

目前,整个教师队伍对教师专业发展的问题存在着一些模糊的认识。有的教师认为,工作经验就是资本,不需要什么专业化;有的教师认为,教书就是把书本上的知识点讲解清楚,完成教学任务就行了,谈不上什么专业化;还有的教师认为,获得高学历就是专业化。这都说明他们对教师专业化的内涵理解不够,存在着片面性。

一 教师专业化的内涵

教育资源信息中心(ERIC)资料库辞典中指出,专业发展主要指个人在自身专业水平成长过程中参与的提升活动。专业发展中所参与的活动包括的类型比较丰富,主要包括个人学习、继续教育、在职培训和同伴协作等。自"教师专业发展"这一定义被人们熟知之后,学者们从不同层次、不同角度出发对"教师专业发展"的内涵理解都不尽相同。但是总的来说大致可从两方面来理解和定义教师专业发展的概念:一是体现在教师个体心理角度的专业成长过程;二是体现在受教育角度的专业成长过程。因此，我们可以将教师专业发展的概念理解为教师在专业技能、内在专业结构、专业素养等方面不断地成长、提升的一个动态发展过程。

教师专业化概念的提出使人们对教师这一职业有了新的认识和理解，教师也不仅仅是单纯的职业，而是和教学共同构成的一门专业，在发达国家，他们将教师专业化作为提升教师专业素养和教育水平的衡量标准和途径。因此，各个国家将教师专业化作为中心主线制定了一系列的教学改革和教师专业化发展策略，旨在从整体上提升教师专业结构水平。教师专业化包含两个方面：一是教师地位的改善，二是教师实践的改进。教师专业化对教师的工作提出了许多类似于其他更为成熟的专业的要求，更加规范了教师的工作，促进了教师实践水平和教学效能的提高。

从不同学科的角度出发，教师的专业发展是指教师通过对学科的不断学习，以及在长期的专业技能训练过程中，逐渐发展成为一名高素质、高能力的专业人员的发展过程。

教师专业化发展过程首先需要以良好的外部环境作为基础，例如学校或相关单位为教师提供的上岗培训、在职培训、继续深造等机会；为教师的选拔和评定制定科学合理的任用标准，构建教师专业管理、专业规范条例等。另外，提高教师自身的自主学习主动性，不断上进和追求的敬业意识，从而促进和提高自身的专业能力。只有将外部环境和教师自身的努力相结合，经过协调促进作用，才能收获理想的专业提升成果。

二 教师专业化对教师的内在要求

在中国内地，1993年颁布的《中华人民共和国教师法》关于教师的职业性质有明文规定，即认为"教师是履行教育教学职责的专业人员"。另外，由劳动部和人事部主持，于2000年出版的中国第一部对职业进行科学分类的权威性文献《中华人民共和国职业分类大典》，也将教师归为其中第二大类"专业技术人员"之列，定义为"从事各级各类教育教学工作的专业人员"。由此可见，在中国内地，教师是法定的专业人员。但是，作为教师个体，要成为真正意义上的专业人员，还要从职业道德、专业能力和劳动形态上不断提升自己，达到如下要求。

一是在职业道德要求上，从一般的道德要求向教师专业精神发展。世界各国越来越重视教师的专业精神培养，把教师专业精神的培养看作做好本职工作的重要保证和内在动力。这是因为，只有当教师具备了崇高的专业精神，他们才会在各种环境和条件下，把自己所从事的工作与社会发展的未来联系在一起，与每个学生的生命价值和每个学生家庭的希望与幸福联系在一起，才会对自己的工作充满责任感和使命感，把一生奉献给自己所钟爱的教育事业。

二是在专业知识和能力要求上，从"单一型"向"复合型"发展。科学技术的综合化，教育的社会化，教育、科研的一体化，都要求教师具有较为深厚的科学素养和人文素养。过去只能教一门学科的教师，也许将来再也无法适应教育的新要求。新时期的教育要求教师一专多能，知识面宽广。俄罗斯有学者在20世纪末就提出："教师在教学过程中的分工是科学化的产物，他们的任务只是培养单一学科的专家，20世纪末将结束单科教师的历史使命。"人类已经进入了21世纪的第二个十年，尽管俄罗斯学者的预测并未在中国完全变为现实，但是现在的社会对教师的要求，已绝不是二十年前可以比拟的。日本学者也强调中小学教师要有广博的知识、完整的实际技能和学习能力。

三是在劳动形态要求上，从"教书匠"向"创造者"发展。

教育是创造性的劳动，机械地操作、简单的重复已无法满足新时期教学工作的需要。教育对象千差万别，教育内容纷繁复杂，教师个人素质迥异，教师的劳动不可能千篇一律，对教育时机的把握，教育矛盾、冲突的解决，都需要教师做出正确、及时的判断，同时采取明智的措施,力争取得最佳的教育效果。日本学者波多野完治曾说过:"创造型教师是心智灵活、随机应变的教师,而且是不断渴求新知识、向往新事物的教师"。

三 教师专业发展阶段的划分

任何学科的教师专业发展都具有阶段性,专业发展的提升是一个循序渐进的动态发展过程,因此在各个阶段中发展的侧重点也会有所不同。20世纪60年代,美国学者傅乐对教师专业发展过程进行了研究,他提出:以实物发展变化作为基点,教师专业发展具体可划分为四个阶段:教学前关注阶段、早期生存关注阶段、教学关注阶段、关注学生阶段。他认为教师在接触工作岗位到成长为一名优秀的教师过程中,需要经历关注自身适应性,关注教学所指定的任务和要求,最后才会专心关注到学生需求及自身对学生影响的阶段中。这一研究为教师专业化发展奠定了坚实的理论基础,此后,众多学者相继对教师专业发展提出了阶段论学说,主要分为三种观点:三阶段论、四阶段论和五阶段论。三阶段论认为,专业教师的成长分为求生存阶段、调整阶段和成熟阶段;四阶段论认为,教师的专业成长分为求生、巩固、更新、成熟四个阶段;五阶段论认为,教师的专业成长分为新手、已入门者、胜任者、熟练者和专家五个阶段。

上述三种观点看似存在很多分歧,但是究其研究主线和宗旨来看,存在许多相似之处。

其一,教师专业发展是从不成熟到成熟的一个必然发展过程,教师的专业素质、态度和能力始终处于动态变化中,处于不同的阶段所体现的教学水平也有较大差别。其二,教师专业化水平提升的突出特点,在于教师的关注对象由自身逐渐转变到学生,这是教师专业发展提升的明显标志。其三,教师专业发展是一项理论联系实践的过程,二者缺一不可,通过相互促进,相互结合的过程,从而为教师专业发展目标的制定和实现提供丰富的经验。

以上观点为教师专业发展提供了丰富的理论体系，但是还存在不完善的地方，如有的研究侧重于教师的实际发展历程，完全没有考虑到教师教育理想的演变历程。教师教育理想的提升，为教师的专业发展铸造了灵魂。各相关部门在制定教师发展规划时，应把提升教师的专业理想作为一项重要内容。另外，教师的专业发展是一个循环往复、不断提高的过程。实际上，教师专业发展不存在终点。

综上所述，笔者结合外语学科教学特点及外语教师发展需求，将教师专业发展阶段做如下划分：准备阶段——师范教育时期；适应阶段——任职头两年；巩固阶段——任职后第三、第四年；更新阶段——任职第四、第五年后。

第二节　外语教师专业结构

教师专业知识结构和能力结构的深入分析有助于教师正确评价自己的知识与能力，从而找到提升自己专业能力的发力点和突破口。长期以来，人们对外语教师的认知，即其为一个能够听、说、读、写、译外语的人。这与外语翻译又有何区别？外语教学专业人员不仅要有很强的外语听、说、读、写、译的能力，同时还要具有有效地把这种能力传授给自己的学生、使学生获得较高外语水平的能力。在这个帮助学生习得外语听、说、读、写、译的能力的过程中，教师还需要许多本学科知识之外的、有关教育教学的知识和能力。这些知识和能力的需求，恰恰是外语教学作为一门专业存在的最直接的理由。

一　外语教师专业知识重构

将摒弃"学科中心主义"的概念，倡导以学生发展为中心，以促进学生的全面发展为目标。显然，教师的原有专业知识已远远不能适应课程的改革与发展。教师的"知识本位观"和"学科本位观"将被"学生本位观"替代，其原有的专业知识结构需要丰富和发展，教师应该广泛吸收教育学、生物科学、心理学、社会学等学科的知识，充分关注学生的成长和发展，而不仅仅是关注学生知识和技能掌握的多少，要在培养人才方面做出自己最大的贡献。

（一）外语语言知识

外语教师应具备扎实的外语语言知识基础，有较强的运用外语进行有效的听、说、读、写、译等交际活动的能力。如果没有过硬的专业水平，他们就无法胜任外语教学工作。

外语教学的特点决定了外语教师必须有扎实的语言基本功，尤其是要掌握标准的语音和语调。外语教师准确而流利的口语能有效培养学生的外语语感，同时也能在无形之中激发学生的学习兴趣和热情，让学生在一种接近真实的语言环境中习得外语知识和能力。当然，外语教师的阅读、写作和翻译等能力也是他们成为外语教师的必备条件。

（二）普通文化知识

作为外语教师，不仅要精通外语语言知识，还要学习和掌握普通文化知识，做到既专又博。外语是一门工具性的学科，它的内容涉及社会科学、自然科学等方面的知识。为了满足教学的需要，外语教师应积极主动地拓展自己的知识面，广泛涉猎自然科学、社会科学等方面的知识，让自己成为一个真正受学生欢迎，能够给学生带来人生启迪的博学多识的外语教师。

（三）操作性知识

通过什么样的方式，运用何种技术手段使教学过程变得生动有趣，使学生易于掌握和吸收所教知识，使学生形成有效的学科能力，也是教师所需要掌握的知识，这些知识被称为操作性知识。操作性知识对于提高教学效能具有十分重要的意义。教师可以通过学习教育学、心理学、教学论等课程获得此方面的知识。当然，教师自身的刻苦钻研、积极感悟、同行之间的互相切磋和模仿也必不可少。在实践中，我们经常发现，很多教师在学科性知识和普通文化知识上差距不大，教学效果却相差悬殊，究其原因，与某些教师的操作性知识的欠缺大有关系。

在外语教学中，多媒体和网络技术的应用有着十分突出的地位。外语教学的过程就是帮助学生习得外语听、说、读、写、译的能力的过程，而这些能力的习得，若能借助多媒体教学平台和网络技术，将会事半功倍，成效显著。在新的技术条件下，外语教师应改变仅仅依靠课本、粉笔、黑板和老师讲、学生听的教学方式，综合运用多媒体和网络技术，运用个性化、生动化的课堂教学新方式，促进学生外语综合素质的有效提高。

（四）个体实践知识

教学方法运用得恰当与否，不仅取决于教师对教材和学生的特点把握是否到位，更受教师本人的教学风格的影响。教学的艺术性和创造性正是教师个人对于教学的理解和把握，以及根据教学场景的变化而表现出的随机应变的智慧。这些智慧就是教师的个体实践知识。教师个体实践知识的获得常常要经历十分复杂的过程。要有效获得这种知识，教师不仅需要有深厚的理论功底，还需要在实践中不断积累经验，不断创造性地运用教育教学理论解决教育实际问题。因而，个体实践知识是区分优秀教师和一般教师的主要标志。外语教师扎实的语言基础、标准的外语发音、丰富的普通文化知识、熟练的多媒体技术的运用、独特的个性魅力等，都是教育智慧得以产生和发展的肥沃的土壤。每一位外语教师都应该努力去追求，并努力培养具有自己独特个性魅力的教学风格，以使自己成为真正意义上的教学名师。

当然，以上对于教师的专业知识体系所做的分类只是相对的，学科知识、普通文化知识、操作性知识和个体实践知识并非截然分开的知识类别，四者之间互为条件、互相支撑，只有把它们进行有机的渗透与整合，教师专业自主发展才会顺利展开，教学效能才能得到真正的提高。

二 外语教师的专业能力结构

外语教学作为一个专业,要求外语教师应具备相应的能力结构。作为专业人员,外语教师仅有一些静态的专业知识是不够的,还需要具备把知识运用到教学过程中的能力。尤其是在当前信息社会和课程改革的背景下,教师所需要的专业能力比以往任何时候都要多,其能力结构主要包括两个层次。

（一）基础性能力

任何一门专业都对从业人员有一个基本的能力规定,这些能力就是该专业的基础性能力。外语教师作为承担外语教学任务的专业人员,从其所面对的对象、工作的场所和内容,以及追求的目标等方面来看,至少应该具备三个方面的基础性能力。

1. 沟通能力

现代教育教学理论已经不再把教学看成知识输出和接受的过程,而是师生之间交流和对话的过程。所以,国内有学者提出"教育即交流"的命题,认为教育的过程实质上就是师生沟通的过程。在日常教学中,同一堂课,相同的教学内容,面对相同的学生,有的教师把握起来得心应手,有的教师的课堂却死气沉沉,其主要原因是教师沟通能力存在差异,无效或低效的沟通直接影响了教师的教学效能。因此,沟通能力对于教师来说是最基础的能力。

外语教学尤其需要沟通和交流。学生外语能力的习得往往需要师生之间的充分互动,互动的过程其实就是沟通交际的过程。如果教师缺乏此方面的能力或此方面的能力不强,教学效果的不理想是可想而知的。教师要实现有效的沟通和交流,必须从心底里树立以学生可持续发展为本的思想,在教学中充分发扬民主,公平地对待每一位学生,耐心倾听每一位学生的心声,同时要注意沟通时的语言技巧,让学生乐于沟通,乐于参与课堂学习,进而热爱外语老师,热爱外语学习。

充分有效沟通和交流的教学才是有效的教学，具有有效沟通和交流能力的教师才是真正胜任教学的专业教师。

2. 教学设计能力

我国传统的课堂教学从20世纪50年代起，由于受苏联教学理论的影响，基本上以一种固定不变的教学程序进行，即开始部分、准备部分、基本部分和结束部分。这种一成不变的传统课堂教学程序，限制了教师课堂教学设计能力，遏制了教师的创造性。因此，教师要转变观念，多从学生的角度考虑，根据不同的教学内容、教学情境等设计出有利于学生进行有效学习的课堂教学程序。

面对一个特定的教学任务，教师如何组织教材，如何设计教学程序，采用何种教学方法和技术来开展教学显得尤其重要。好的课堂设计可以使课堂教学跌宕起伏、妙趣横生，可以一下子紧紧抓住学生的注意力，激发学生求知的欲望。

教学设计能力的高低与操作性知识的多少是密不可分的。但是，操作性知识丰富并不意味着教学设计能力强。外语教师要有意识地加强有关教学设计的研讨，不同的教学设计理念、不同的教学活动的选择、不同的教学媒体的运用都会在很大程度上影响教学效果，影响学生外语能力的习得、巩固和提升。

3. 教学监控能力

一堂课能否顺利展开，能否取得预期的教学效果，不仅有赖于教师的沟通能力和教学设计能力，而且与教师的课堂管理能力密切相关。按照北京师范大学心理学教授林崇德先生的说法，这种课堂管理的能力就是"教学监控能力"。林崇德先生认为，教学监控能力是教师的核心能力。

传统的教学备课非常详细、调动队形井然有序，教师非常注重示范、讲解，要求学生统一行动。这样的教学方式对于学生的管理较为有效，但给学生自主学习、探究学习的时间和空间却很少，也不会给学生带来愉快的体验。当然，给学生充分的活动时间和空间并不意味着要采用"放羊式"教学,也并不是要排斥教师的指导和管理,而是强调保证学生在有充分的活动时间和空间的前提下进行指导和管理,真正做到管而不死、放而不乱。

此外,由于强调学生要改变传统的、单一的接受式的学习方式,提倡采用自主学习、探究学习和合作学习等学习方式,这就向教师的教学管理能力提出了新的挑战。教师必须加强学习,改变传统的教育教学观念和教学方式,并提高课前的准备能力和预测能力、课堂教学的反馈与评价能力、课后的反省能力,以提高自己的教学组织和监控能力。

(二) 发展性能力

世界是变化发展的,教学也在不断变化和发展。对于教师来说,不存在一成不变的教学知识、方法和手段,教师的知识和能力需要随着时代的发展和变化而不断更新。例如,在多媒体进入课堂教学以前,教学中使用的多是黑板、粉笔及一些纸质的材料,教师有无电脑操作能力和信息处理能力并不会太多地影响教学的实施。然而,时至今日,随着现代教学技术手段的革新,多媒体的使用频率越来越高。这些变化对教师的能力提出的要求越来越高。教师是否具备娴熟的电脑操作技能和较强的信息处理能力,往往直接影响到教学实施和教学效能。显而易见,社会的进步给教师带来了新的机遇和挑战。

在信息化时代,学生已不再是以前的学生。有些教师的新媒体的运用水平与有些学生相比已是相形见绌。因为学生都是年轻人,对新知识、新媒体有天生的好感和敏锐的感知能力。学生的知识面和操作新媒体的能力是超乎较为年长的教师的想象的。所以,在信息海量自由流动的今天,教师如果不主动去学习、去适应环境的变化,还是一味坚持"一支粉笔、一本书、三寸讲台、十年教坛","以不变应万变"的做法,那一定会遭遇被淘汰的命运。

学生总是期待老师能跟上时代潮流,头脑灵活,思想开放,善于吸收新鲜事物,并运用到日常教学之中,让教学充满时代感,充满国际意识，体现多元文化。如果外语教师做不到这些，无法满足学生的期待，教学也自然得不到学生的认同，教学的高效能也自然无法实现。

因此，教师要在教育实践中不断汲取新知识，掌握新技能，不断提升自己的发展性能力。教师的发展性能力主要包括以下几个方面。

1. 合作研究能力

教学专业与其他专业最大的区别在于工作对象的不同。教师所面对的不是静止的物体，而是一个个具有主体思维的鲜活的生命，教学的复杂性、艺术性和创造性皆由此而生。看似惯常的教学活动几乎没有一点是重复的，教师不断被置于新的教学情境中，不得不面对许多新问题。而这些问题都具有个体性、偶然性和情境性，需要教师自己去反思，去寻根究源，找到解决问题的办法。所以，研究应该是教师工作的一种常态。

培养教师研究能力的第一步，是培养教师的批判和反思意识。教师只有摆脱日常经验的局限，对看似平常的教学现象保持批判的态度，才能发现隐藏在教学现象背后的深刻的教育问题；只有通过日常教学反思，才能以敏锐的目光去捕捉那些教学中值得关注而又易于忽略的细微之处。不作研究和反思，简单重复已有的教学经验，是许多教师专业能力退化、教学效能低下的重要缘由。如果一个教师仅仅满足于已有的经验，而不对经验进行深入的思考，那么，他充其量只是一个"熟手"，永远都不会成为"研究型教师"。因此，只有教师自己才能改变自己，只有当教师意识到自己经验的局限性，并通过反思进行批判、调整和重构后，才能形成先进的教育理念，才能总结出有效的教育方法。

当然，教师的研究不应是一个人的孤军奋战和冥思苦想，它需要与同事的沟通和合作。教学工作的特殊性和复杂性，决定了教师仅仅依靠个体反思难以实现真正意义上的专业发展。教师需要与同事一起合作，共同发现问题和解决问题。因而，合作应该是教师研究的主要方式。培养合作能力需要教师有平等开放的心态，有不耻下问、乐于助人的精神，有不计个人得失、把促进学生发展作为教学唯一目的的教育信念和责任感。

　　实践表明，教师的合作研究能力会在教学中深深影响学生的合作探究能力。这一点在外语课堂教学中表现更为明显。有合作研究习惯的教师自然会把这种习惯迁移到自己的课堂教学中去，从而使自己的课堂教学更具亲和力和实际效果。长此以往，教师的习惯也会变成学生的习惯，达到潜移默化的目的。

　　另外教学过程实质是师生的交往过程。这种以交往互动为特征的教学，要求教师与学生能有更多的沟通，而这种沟通常要通过对话实现。这种对话不仅是言语的应答，而且是思想本身的实现，是在各种价值相等、意义平等的意识之间相互作用的特殊形式，它强调的是双方的敞开与接纳，是一种在相互倾听、接受和共享中实现精神互通，共同去创造意义的活动。

　　要在中实现师生交往和互动的对话。教师在教学过程中应转变角色，摒弃"以教师为中心"的思想，努力成为促进学生进行有效学习的帮助者和引导者，以教促学、互教互学、取长补短，与学生分享对课程的理解和快乐，使师生在交往和互动的教学过程中共同发展和提高。

　　2. 课程开发能力

　　课程是联系教师和学生的纽带，是教师影响学生的重要载体。课程对学生发挥教育作用的大小，很大程度上取决于教师引导学生理解课程的深度。另外，在新一轮课程改革中，国家确立了新的三级课程体系，即国家课程、地方课程和校本课程，学校被赋予了更多的课程权力，校本课程成为课程体系的重要组成部分。而学校的课程权力能否得到真正的体现，新的课程观念能否在教学实践中得到很好的贯彻和实施，学校能否开发出符合学生需要的、具有学校特色的校本课程，都将依赖于教师是否具备并发挥他的课程开发能力。

　　据整理资料所知，人教版高中《外语》自从 2007 年 6 月推出第二版后，课文内容至今都没有得到任何更新，而时代的发展之快却超乎人们的想象，如此陈旧的内容怎能有效激发学生的学习热情和积极性呢？所以，外语教师自主开发教学资源就显得尤为迫切和重要。如果外语教师课程开发能力欠缺或不强，就会大大影响课堂教学效果，就会大大影响学生的学习积极性和外语综合素质的提高。

课程资源是实现课程目标的重要条件。基础教育课程改革实行国家、地方、学校三级课程管理体制，打破了我国传统课程开发的"中心一外围"模式，为教师参与课程资源的开发提供了有利条件。学校和教师将从课程开发的边缘走向参与，成为课程的积极开发者而不是课程产品的消极消费者。教师将是学校课程开发的主体，积极参与开发课程资源成为教师的重要职责。由于《课程标准》不规定具体的教学内容、教学方法和评价标准，给教师留有充分选择和开发的空间，教师完全可以根据学校和学生的实际情况，开发出有助于激发学生学习兴趣、与学生的生活经验相联系、促进学生健康发展的课程资源。

鼓励教师开发课程资源有利于调动教师的积极性和创造性，有利于学生得到更好的发展。同时，教师开发课程资源的能力也是反映其教学能力和水平的一个重要指标。

3. 创新能力

创新是教学的灵魂，也是教学的最高境界。教师的创新能力是区别"经验型教师"与"专家型教师"的根本标志。所谓创新能力，是指教师能否根据教学内容、情境和对象的变化，创造性地运用教学理论和教学方法以达到教育目标的能力。创新既遵守基本的教育规律，而又不被条条框框所束缚，使教学过程的空间得到拓展并富有弹性，充分体现教师的教学机智。创新能力的培养不仅有赖于教师教育教学观念的更新，更有赖于教师个体实践经验的积累，以及教师对教育教学理论的辩证理解和对教学方法及手段的灵活运用。创新能力的形成，需要教师有扎实的基础性能力作支撑。脱离基础性能力的培养，没有发展的意识和能力，教师的创新能力也就无从谈起。教师个体实践知识的多少与创新能力的高低有着十分密切的关系。教师要不断丰富个体实践知识，以提高自身的创新能力。

4. 知识管理能力

所谓知识管理，就是知识的收集、整理、分析、分享和创造的过程。在这一过程中，原有的知识不断被修正，新的知识持续产生，新旧知识不断被保存、积累、转化和重新组合，并获得新的表现形式，使知识发挥比分散状态更高的效能。今天，我们正处于一个被称为"知识爆炸"的信息时代，各种报纸杂志、数不清的书籍图画，特别是令人眩晕的网络信息扑面而来。与知识匮乏时代相比，知识的量早已不是问题，问题是我们反而为海量的知识所累。因此，从海量的信息中迅速将自己需要的知识提取出来，管理好自己的知识系统，随着时代的发展不断更新自己已有的知识结构等，都是提升教师知识管理能力的题中应有之义。

外语教师要逐渐找到适合自己专业发展和教学需要的较为稳定的资料来源，并用于提高自己的课堂教学效能，而不至于在浩如烟海的网络信息和出版物中迷失自己，从而浪费宝贵的时间。

5. 教育科研能力

在传统的教学中，教师基本上按照自己的经验开展教学。教师的教学经验固然重要，但仅仅根据经验是不能解决教学中的各种实际问题的，也不可能不断提高自己的专业素质。可以这样说，只有科研水平提高了，教学水平才能真正得到提高。

教师应加强学习，不断提高自己的理论素养，在教学工作中要勤于反思、怀疑、批判、创新。善于观察和发现教学中存在的各种问题，并通过科学研究的途径解决问题，以提高自己的教育科研能力。

6. 倡导反思和创新

要求教学由教学模式化向教学个性化转变，形成个性化教学。这就要求教师不能墨守成规，而要敢于实践，善于反思，勇于创新。教学是一种创造性活动，需要每一位教师发挥自己的聪明才智，以便使学生从每一位教师的教学中得到最好的教育。因此，教师应该对自己的传统教学方式进行认真的反思，并从学生的角度考虑问题，创造出适合学生的实际情况、促进学生取得最大进步和发展的教学方式。

要求教师在教学中所表现出来的创造性主要体现在以下几个方面。

一是对教学内容进行重新选择。

《课程标准》只是提出了学生通过对课程的学习所要达到的目标和内容框架的建议，而没有规定实现这些目标的具体教学内容，这就要求教师针对学生的身心特点和兴趣爱好，选择有利于激发学生学习兴趣和促进学生身心健康发展的教学内容，真正做到"用教材教，而不是教教材"，从而将教学内容与学生的生活经验结合起来。

二是改变教学方法。

教师要改变传统的灌输式的单一教学方式，应给学生学习留有充分的活动时间和空间，鼓励学生采用适合自己的方式进行学习，提倡学生进行自主学习、探究学习和合作学习。教师还应改变过于重视传授知识和技能的教法，通过对知识和技能的教学，去实现课程的多种功能和价值。

三是形成富有个性的教学风格。

教师在教学中不但要遵循一般的教学规律，而且要结合自身的实际和学生的具体情况进行突破和创新，以形成自己独特的教学风格。这就要求教师要对自己的教学行为进行认真的反思。反思就是对自己所做出的行为以及由此产生的结果进行审视和分析，改进不足，提出新的教学策略，不断提高教学艺术和教学水平。

7. 生涯规划能力

当今世界，知识日新月异，学校所面临的教育环境和社会环境正变得日益复杂，教学专业所面临的挑战也日益严峻。"做一天和尚撞一天钟"的教师已经不能适应教育发展和社会发展的需要，教师必须时时刻刻思考怎样才能做一个胜任工作的好教师。教师要根据时代发展，树立明确的、切实可行的专业发展目标，并根据自身所处的内外教学环境的变化，确定并不断调整专业发展的内容和途径。只有对自己的职业生涯进行清晰的规划，才能明确人生和职业的发展方向，才能清楚地认识到自身的价值，抓住机遇，增强自身的职业竞争力和使命感。

每位外语教师在工作伊始，就应树立自己的职业理想，做好自己的职业规划，确立自己各个发展阶段专业能力的提升目标，并有效地激励自己一步一步地走向成功。有了明确的目标指引和踏踏实实的行动，成为外语教学名师的理想就不难实现了。

当然，无论是教师的专业知识还是专业能力，都不是固定不变的，它们都在社会和教育发展过程中不断被赋予新的内容。这就需要教师随着社会和教育的发展，不断研究新情况、新问题、新要求，做一名研究型教师，不断更新自己的专业知识结构和专业能力结构，跟上时代的节拍，成就心中的职业理想，做一代外语教学名师。

第三节 我国外语教师专业发展现状

随着新课程标准的实施，各级政府和教育部门高度重视教师的专业化发展，也采取了多种提高外语教师专业素质的具体措施，并取得了一定的成效。但是，由于我国人口众多、地域广阔、各个地区经济和教育发展不均衡等原因，外语教师的专业化发展也存在以下一些问题。

一 专业化发展观念淡薄，教师缺乏专业化发展动力

许多外语教师在专业发展方面观念淡薄，缺乏主动性，对自己的专业发展缺乏目标和规划。另外，尽管新课程标准已经实施了多年，由于许多地区教育部门对教师工作评价只以学生成绩作为单一的指标，因此，许多外语教师教学工作的重心也都放在如何提高学生的考试成

绩上，上课还是填鸭式的教学，课后忙于抓学生的背记和忙于帮助学生备考，很少关注自己的专业化发展和教学理念的更新。一些外语教师在教学中积累了一定的教学经验，他们凭着这些经验去教学，而很少关注新的教学理念和自己的专业发展。另外，由于教师教学任务繁重，再加上班级学生多，批改作业费时费力，教师的课余时间几乎全部用于备课、批改学生作业以及指导学生的学习等方面。以上诸因素使得外语教师很少有时间进行业务学习，提升自己的专业水平。

二 教育教学理念陈旧，教师更新教育观念的意识不强

教育改革的核心是教师教育理念的转变和专业素质的提高，而教育理念的转变则是教师专业化的内容之一。外语教师除了要具备语言和职业素养能力的基础外，还要重视对自身教学理念的转变和升华，这样才能在教学质量上取得理想成绩。《新课程标准》中强调了对学生主体的转变要求，使学生处于教学主体地位，要求改变学生的学习方式，培养学生的自主、合作与探究性学习习惯，从而逐渐树立新的师生观和课程观。教师在外语教学中要起到组织者、设计者和指导者的作用。通过创设良好的语言环境和提供大量的语言实践机会，通过学生自身的体验与合作学习，强化学习动机，提高学习兴趣，形成学习感悟，掌握学习策略。尽管在《新课程标准》的影响背景下，但是在外语实践教学过程中外语教学仍然无法切实按照这个理念开展教学工作，而只是凭借自身的经验进行教学，缺乏对新教学观念价值和内涵的认识。

三 教师专业发展培训内容针对性不强，不能满足外语教师专业发展的需要

（一）专业化培训中侧重理论培训，缺乏理论与实践的结合

当前继续教育的内容大致采用网上培训或集中统一授课的方式，

培训课程大多是所有教师都应具备的教育教学理论、教学技能、信息技术等。而现在第一线的教师除这些理论方面的知识之外，还迫切需要外语语言技能、教学技能训练类的课程。

（二）继续教育培训的理念与方法不合理

目前的继续教育模式比较粗糙，多采用大班制或讲座方式开展，此类培训模式存在很多问题，例如教师和学员之间、学员和学员之间缺乏交流和互动体验，教师与同行间也缺乏学术交流和探讨，阻碍了教师专业结构的完善和提高，限制了教师的专业发展提升。

四　当前的外语教师教育与教师专业发展中存在的问题

Kumaravadivelu（2012：87）通过对最新的语言教师教育和教师专业发展研究（Barkhuizen，2009，Borg，2009）的文献进行总结，发现：外语教师往往忽略对专业发展研究实践的必备理论体系。教师们在对于科研的态度缺乏积极性、对于教师专业发展的认识程度、教师自身的教学理念、开展科研工作的具体流程等，上述这些方面都会对教师专业科研发展带来较大的影响。尤其是外语教师在科研工作上缺乏自信心和能力。

我国对外语教师专业发展的研究起步较国外较晚。教师专业发展起步阶段，我国主要引荐外国优秀具有良好效果的专业发展理论和方法，尤其是研究理论方面的概念、定义、核心内容、内涵和发展模式等，并倡导外语教师通过不同项目的教学模式来提升自身专业水平。这对教师专业发展产生了一定的影响。近几年，以外语教师专业发展为目标的研究产生了一批影响力较大的成果，有些学者根据自身的实践过程对教师专业发展提出了系统的观察、发现、反思、探索和结论等研究观点，根据查阅文献和著作总结出我国外语教师专业发展中存在的主要问题，见表1-1。

表 1-1　　　　我国外语教师专业发展研究中存在的主要问题

研究者/年份	研究结果
夏纪梅（2006：63）	2000年以来，在国内的主要核心外语教育学术期刊上发表的有关外语教师发展方面的论文为数甚少，阐述的也大多是国外（主要是英国、美国和加拿大）的理论和实践方法，例如"反思型"英语教师教育、基于网络的教师培训、"后教学法"理论、教师行为研究、美国外语教师发展趋势、英国外语教师资格认证考试、外语教师的教育信息化培训、"语言学习理论"教育、外语教学技能问题讨论等。即使偶尔有谈国内问题的，也仅限于对教师职业现状的调查和呼吁外语教师培训提高的重要性和迫切性方面的文章，真正意义上阐述我国外语教师发展的研究论文凤毛麟角
骆爱凤、叶张煌（2007：54）	我国目前在教师发展领域方面发展较为欠缺，撰写的针对我国外语教师职业水平提高的论文论著极为匮乏，且国内外语师资队伍比较薄弱，所以我国比起欧美各国来说更迫切需要外语教师的职业发展
韩淑萍（2009：77）	国外理论评介多，本土实践发现少；理论内涵演绎多，科学实证研究少；片面静止研究多，综合动态研究少；横向比较探讨多，纵向连续研究少。这表明许多理论探讨还停留在"应然"状态，缺少"实然"的观察
程晓堂（2009：ⅱ）	运用新的语言教师教育理论来讨论中国外语教学改革实践问题的文献和可供我国英语教师参考的关于教师自主发展的文献并不多见，特别是帮助英语教师通过个人的教学实践研究与反思获得自主发展的理论与实践相结合的文献还非常缺乏
文秋芳、任庆梅（2010：77）	实证研究严重不足；脱离课堂教学；与一线教师需求脱节；教师与研究者地位不平等
郭晓英、刘新文（2011：17）	对于外语教师专业发展的价值、意义的研究相对集中，而对技术层面的过程、模式与策略探讨不足
芮燕萍（2011：7）	关于英语教师的研究视角有限，研究对象大多为重点院校的优秀教师，研究内容大都停留在实践层面，没有建立起英语教师专业发展的具体模式和理论框架，缺乏整体性和系统性
Eng（2012：3）	很少有研究者会通过理解和分析他们自己的现实体验去探索教学与学习，在亚洲范围内和中国的视野下这样的研究更少

从表 1-1 中可以看出，外语教师专业发展在我国取得一定的成绩的同时，在外语教师专业发展的实现路径、内涵和实践策略等方面还存在较大的进步空间。目前我国在教师专业发展研究中存在的主要问题有：偏向实践陈述，缺乏理论总结和提炼；在质与量的研究上缺乏

平衡性；研究时间跨度太小，思考维度狭窄；缺乏紧密结合教师自身的研究等。那么，我国的外语教师专业发展应该通过什么样的手段获得提升，外语教师专业发展所具备的本专业特定的内涵、特点、途径和核心因素？如何提升外语教师专业发展的有效性？等等。这些问题的解答需要教师和研究者们同心协力，进行系统的实证研究，从而正确定位外语教师专业发展的核心、内涵、特点和途径，为外语教师专业发展的模式提供理论依托和框架思路。本研究就是以此为出发点的。

五　当前教师专业发展的趋势

教师专业发展是教师由一个新手教师向专家型教师发展的过程。教师需要反思自身的教育实践，并不断改进和完善自己的教育行为；教师发展的核心是教师的专业成长，是一个终身学习、不断提升的过程；教师专业发展要求教师既是学习者也是研究者，既进行研究性学习，也要在真实的教育环境中进行研究。

随着教育改革的不断深入，有关教师专业发展的理论范式也在不断变化和发展，教育界也积累了丰富的实践经验。通过对这些理论范式和实践经验进行比较分析，我们总结出当前教师专业化发展的总体趋势有以下三个特点。

一是重视教师发展的主体性和个性化。

近年来，学者们提出了教师专业发展的策略，例如，引导教师制定个人专业发展规划、撰写反思日记或教育案例、开展行动研究等，旨在突出教师的主体性地位，说明了他们对教师主体性发展的重视。"主体性发展"是指教师发展并不是处于被动提高和他人塑造的对象，而是对专业自我提升的主体。教师的主体性还体现在教师是将外在影响转化为内驱动力的承载者和主体。因此教师的受教经验、生活背景和认知态度等方面的能力，都是他们在反思中建构个性和发挥创造力的源泉和动力。

二是重视"交往互动"。

近年来，随着教师专业发展重视度的加强，诸多新型教师专业发展路径和形势被开发和利用，如专业共同体学习、知识分享、微课、合作行动、课堂摄像研究等。这说明在教师专业发展由传统的个人钻研正在被教师之间的交往、对话、合作等发展模式替代。教师专业知识的建构，首先是一种社会性的交往和对话活动，他们的知识、思想、态度和技巧是在一定的社会文化情境中形成的。"交往性发展"为教师专业发展提供了丰富的学习资源，拓宽了教师同行之间的交流空间，外语教师与同事、学生、家长、专家和行政人员的交往、对话、协商、合作和分享是教师实现专业成长的必要条件。

三是重视"情境性"发展。

"情境认知"的观点被越来越多的人认可和接受，教师个人的知识与特定情境相联系，个人的知识和经验在与情境互动的过程中建构新的经验图式，形成教师个人独特的"隐性知识"，这是教师学习的最重要的途径。教师的专业发展是与具体的教学情境相联系的动态的知识建构过程，教师是"在实践中学习"，而不是"在准备实践中学习"。因此，应该给教师提供足够的实践机会，使他们有机会对所学的新观念、新方法进行尝试、验证、体悟和内化。与源自专家的教诲和指导相比，鼓励和帮助教师不断地对自己的实践进行反思和改善是更为有效的专业发展途径。

第二章

微课程教学

第一节 微课程介绍

一 现代中国悄然进入"微时代"

自 2006 年全球的 Twitter 网站的创立以来，微博作为互联网时代的新兴力量得到迅猛发展，得到大面积的普及和推广，尤其是新浪微博在 2009 年正式上线后得到广大用户的认可和使用，随后，有众多网站相继推出微博客户端，微博似乎成为社会发展离不开的时代产物。人们可通过微博平台观看世界各地所发生的各大新闻，据中国互联网络信息中心 CNNIC《第 31 次中国互联网络发展状况统计报告》显示，截至 2012 年 12 月底，我国互联网用户达 5.64 亿，微博用户达 3.09 亿，较上一年增长 5873 万。微博、微信等互联网时代的产生使"微"观念逐渐深入人心，并相应地衍生了许多新事物，这一切都促使我国快速进入"微时代"。微观念在人们生活中体现很多，例如通过平板、手机所观看寥寥数语但是人物、情境、情节都相当耐人寻味的微小说，或者只有短短二十分钟的微电影。从微博、微信、微小说、微电影、微旅行、微社交到最近兴起的微公益、微监督等，都充分体现出微时代中短小精悍、互动性强、参与范围广、传播速度快等特点。从而为社会各界人士提供了丰富多彩的交流平台，对人们的生活观念和方式产生了巨大影响，颠覆着社会的沟通和交流的模式。因此，在《新周刊》主办的年度汉字评选中，"微"字脱颖而出当选2012年度汉字。

二 微课程的定义

以可汗学院（Khan Academy）与TED-Ed为代表的国外在线微视频（时长5—15分钟）学习资源的出现与流行，大规模开放在线课程（MOOC）以及诸如在"翻转课堂"（Flipped Classroom）等新型教学模式中应用微视频作为学生自主交流、沟通和学习的平台，为教育者开展微视频课堂教学提供了良好的启迪作用。2011年，在广州佛山地区所开展的"佛山市中小学优秀微课作品展播平台"是对微课堂的首次成功尝试，2012年9月由教育部管理信息中心主办了我国第一届微课大赛，引导了更多的教育者接触和利用微课堂教学，微课大赛促进了微课程在中小学教育者之间的大范围开展和利用；在高等院校微课堂教学和实践活动也得到部分教育者的探索和研究。目前来看，人们对微课堂的理解还不够系统和全面，学者和教育者对微课程的概念理解和定义审视还存在诸多不同的意见，在实践操作中形式纷繁多样。这些对微课程不同的诠释给教育者在微课程资源开发、利用，以及基于微课程所构建的教学模式上存在较大困惑，甚至对微课程的教学价值给予质疑，可见，对微课程定义和内涵的理解成为目前亟待研究的课题。

微博的普及与流行推动了微时代的发展进程，无论是在生活、工作和学习中都嵌入了"微"观念的特征，继而产生一系列的微时代潮流产物。随着科技水平、社会背景等因素的不断变化，教学方式和手段也在不断地革新和完善，微课程作为一种新时代的教学产物，引入课堂中必定带来新鲜的体验和教学效果，同时对传统的教学模式注入了新的活力，为我国教学模式提供了高效的教学手段。从微课堂的实质特征上讲，它不仅丰富了教学手段，更是对教学理念的一种新的启迪和创造。

微课程（Microlecture）这个术语并不是指为微型教学而开发的微内容，而是运用建构主义方法化成的、以在线学习或移动学习为目的的实际教学内容。

在国外的研究中，人们对微课程的理解也存在不同，根据对微课程的不同理解，对微课程的名词定义也不同，如 Minicourse、Microlecture、Microlesson 等。这标志着国外对微课程的取向研究侧重点有所不同。如美国依阿华大学附属学校于 1960 年首先提出微型课程（Minicourse），也可称为短期课程或课程单元；新加坡教育部于 1998 年实施的 Microlessons 研究项目，该研究项目设计到多种学科课程，其研究目的是使教师能够构建体系完整的微型课程，微课程一般设置为 30—60 分钟，目标明确单一，主要强调对课堂情境、资源和活动等条件的创设，为学生创建良好的学习框架，同时也为教师教学活动的设计和实践带来便利和支持；2004 年 7 月，英国启动教师电视频道，主要集中了对教师教学视频的收集，每个节目大概在 15 分钟，该节目在短时间内得到广大教育者的支持和喜爱，目前已经积累了 35 万分钟的微课视频节目资源。

"微课程"这个概念，最早是由美国新墨西哥州圣胡安学院的高级教学设计师、社区学院在线服务经理戴维·彭罗斯（David Penrose）于 2008 年秋提出的。后来，戴维·彭罗斯被人们戏称为"一分钟教授"（the One Minute Professor）。这一研究的核心理念是要求教师能够将教学目标和内容协调结合和联系，从而产生一种高聚焦、高效率、优配置的教学体验。不难发现，国外对微课程的研究相当重视，并对"微课程""微视频"开展了一系列的实证研究和探索，但其缺陷在于对核心组成资源不统一，有的是教案式，有的是视频式；同时对于微课程的教学结构规范不当，主要用途是辅助学习和培训工作所用，其应用范围还需要不断开发；课程资源的自我生长、扩充性不够。

从2013年开始，随着高效课堂、翻转课堂、可汗学院等新型教学模式的开展，加之佛山地区微课程教学、第一节微课程教学大赛的顺利开展，人们也将注意力集中到微课程的教学模式上来，并积极地引入教学方法的改革中，微课程的发展必然经历从关注、使用、设计、开发，再到研究这一过程中。国内学者、研究者、区域教育者对微课程的价值和利用也进行了大量的研究和实践，目前代表微课程的名词有"微型课程""微课程""微课"等。这几种虽然在广义上都指微课程教学模式，但是在具体的界定范围、资源组织形式上仍存在差异。

近年来，微课程的研究和具体实践在国内备受关注，其中研究最为系统和深入的应是广东省佛山市教育局教育信息网络中心的胡铁生老师。他率先提出了"微课"的概念，他指出：微课是教师在严格遵循新课程标准的大纲和要求下，通过教学视频的教学形式呈现，反映出教师就某一些知识点的教学活动所利用和生成的所有教学资源的有机结合体。微课程的使用特点主要体现在目标明确、主题突出、情境真实、互动较强、短小简练、使用方便等方面。胡铁生老师还认为，微课最初是对"微型教学视频课例"的简称，由微型视频作为核心，并由微课件、微教案、微练习、微反思共同构成的有机教学资源环境结合体。微课的有效利用强调的是对以上几种结构的协调配合，进而所产生的拓展性、开放性和发展性的思考和提升。在包含教学环境、模式等资源以外，还应着重强调微课程的教学活动，是教师对某一学科的知识点或环节所实施的教学内容、活动的总和。微课的高级阶段或发展趋势，应该是走向微课程。

有研究者认为，为了使微课程这一概念更容易被国内学者和教育者所接受，加强其本土化特征，将其更改为"微课"，同时，其资源组织方式也满足了随时、随地进行移动学习的需求。其中最易被教育者快速接受和利用的特征是：微课程是由一线教师自主开发、制作，课程时间控制在5—10分钟的微小课程，微课程源于教师教学实际，为教师和学生在教学过程中提供便捷和服务，还可以解决传统教学活动中无法解决的棘手问题；微课程不仅是一种新的教学工具，更为教师专业成长提供了新路径。微课程对教师专业发展的促进作用体现了一线教师对微课程实践意义的理解，这也是微课程备受广大教师所推崇和关注的重要原因之一。

　　微课程的核心构成是课堂教学视频（课例片段），另外则是与微课主题相关的教学设计、素材课件、教学反思、练习测试及学生反馈、教师点评等辅助性教学资源，这些组成元素以特点的促进关系和表现形式共同构成了半结构化、主题式的资源单元应用"小环境"。

　　综上所述，微课堂（Microclass）以在线的、相对完整的课堂教学录像记录课堂中某一知识点或教学主题的教与学活动，是一种供教师或教学研究者教学、观摩、学习、反思和研究的资源，基本形式包括以 5—8 分钟教学视频为核心的教学设计（微设计）、教学反思（微反思）、教学课件（微课件）等（如图 2-1 所示）。

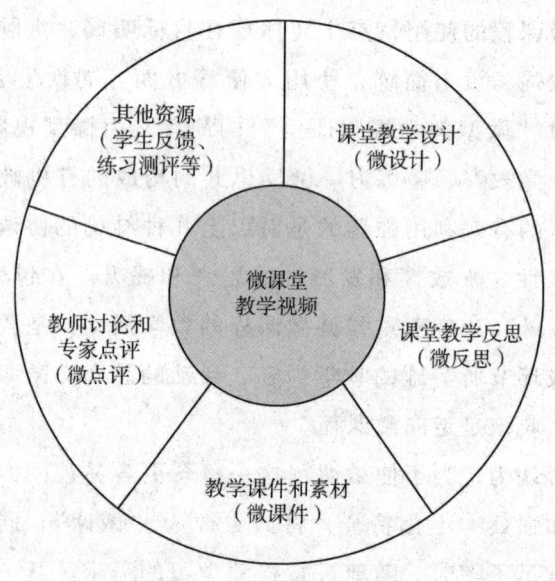

图 2-1　微课堂的组成

三 微课程的特点

微课程相对于传统教学内容具有简短精练、目标明确、主题突出的优势，更利于学生快速掌握教学活动中的重要知识点。微课程将传统教学先教后学的教学模式转变成先学后教的模式，微课程需要学生将知识的了解放在课堂之前，将知识的内化和吸收放在课堂中，这是对传统教学课堂的颠覆，即所谓的"翻转课堂教学"，在一定程度上培养和提高了学生的自主学习能力和思维创造能力。微课程与精品课程的差异性不仅仅体现在传统实录，而是增加了互动、练习、笔记、行为评价、学习动机诱发等新技术和教学策略，是相对独立与完整的小规模课程。

在平时的课堂教学中，教学的重点都是围绕某一个知识点展开，在长达40分钟的课堂中，精彩的环节都是短暂的、瞬间的。而学生的注意力也往往只能保持10—15分钟，若长时间注意力得不到缓解、放松，学生就很难保持学习兴趣，从而很难获得理想的教学效果。

微课程的意义就在于它不是把所有的教学内容在一节课40分钟内呈现出来，而是利用5—10分钟的时间把教学的重点、难点、考点、疑点等内容给学生以视频的形式展示出来，而且5—10分钟的视频也很方便学生从网络上观看或者下载。最主要的是能够重复利用，易修改，更好地满足师生的个性化教学和个性化学习需求。具体说来，微课程具有以下几个特点。

一是教学时间较短。

教学视频是微课程的核心组成内容。根据中小学生的认知特点和学习规律，微课程的时长一般为5—8分钟，最长不宜超过10分钟。因此，相对于传统的40分钟或45分钟的一节课的教学课例来说，微课程可以称之为"课例片段"或"微课例"，可以将传统的一节课设计成为包含3—4个微课程的新型课堂。

二是教学内容较少。

与传统的教学课堂相比,微课程摆脱了烦琐冗长的教学内容,其教学内容更加简练和突出,便于教师开展教学活动。其中,微课程的使用主要是为了突出对教学内容中某一知识点(如重难点、转折点和疑点)内容的讲解而设定,或者是为了配合教学活动中的环节需求、主题教学活动的需求而设计。总之,对于传统教学内容而言,微课程的内容更为精简,更容易被学生和教师接受。

三是资源容量较小。

从微课程视频容量的大小上讲,微课程视频及配套辅助资源的总容量一般在几十兆左右,视频格式必须是支持网络在线播放的流媒体格式(如 flv、mp4 等),师生、社会各界人士都可以便捷流畅地在线观摩和学习课件、辅助资源等;小容量的特点也可以为用户提供便捷的下载保存功能,从而进一步实现移动学习、泛在学习,非常适合于教师的观摩、评课、反思和研究,对教师专业发展的成长具有重要的影响作用。微课程中的知识点都是依据学生学习过程中的疑难问题而进行设计的,重难点突出、直观,易于学生把握。

四是资源构成情景化。

微课程选取情境实践的视频教学,加上多媒体素材和课件的配合,营造了一个类型多样、结构清晰的真实"微教学资源环境"。广大教师和学生通过典型的情境与真实事例,很容易实现"隐性知识""默会知识"等高阶思维能力的学习并实现教学观念、技能、风格的模仿、迁移和提升,从而迅速提升教师的课堂教学水平,促进教师的专业成长,提高学生的学业水平。

五是便于传播。

教师可以在互联网和移动设备中存储、观看,也可以通过一些网络传输媒介进行传输,有利于教师之间进行教学方法和经验的沟通和交流。微课程不受时间和地点的限制,只要拥有计算机或手持设备就可以进行观看、学习,学生在学习过程中有自主空间。微课程可以重复观看，播放过程中可以自行调节它的播放速度。

六是制作简单。

微课程制作简单，常用的PPT屏幕录制型微课程及可汗学院（手写板）型微课程，形式新颖，老师在平时的教学过程中花很短的时间就可以进行资源的积累、分享和交流。这也可以提高教师的自信心和成就感。

综合来说，微课程资源与传统的教学网络资源相比，其最大特点是"短、小、精"，非常符合学生的视觉驻留规律和认知学习特点。一堂微课程资源容量在50兆以内，适合网上运行且具有较大的开放性、生成性和可扩充性。微课程基于学科教学知识点或学生学习的重点、难点、疑点内容进行选题、设计、拍摄和制作，主题突出、指向明确，让学生能够花最少的时间学到关键内容。微课程设计与开发本身就是教研过程，对课前备课、课堂实施、课后反思、教学研究等各环节都能提供有针对性的优质资源支持，有效提升了教师专业发展水平。

四　微课程的类型

根据不同的标准，微课程可以分为不同的类型。

（一）按课堂教学方法分类

根据教学活动中常用的教学方法的分类总结，同时也便于一线教师更好地理解微课的分类，微课程可以划分为知识讲授型、解题演算型、实验演示型。

1. 知识讲授型

此类微课程主要用于课程要点讲授、重难点分析等，表现形式以教师授课视频为主，适用于教师运用口头语言向学生传授知识（如描绘情境、叙述事实、解释概念、论证原理和阐明规律）。教师在教学过程中根据教学任务和学习的客观规律，从学生的实际出发，采用多种方式，以启发学生的思维为核心，调动学生的学习主动性和积极性，促使他们生动活泼地学习。这是最常见、最主要的一种微课程类型。

2. 解题演算型

此类微课程主要用于对典型例题及习题进行讲解，演算过程分析，逻辑推理等，表现形式以电子白板、手写板演示讲解为主。

3. 实验演示型

此类微课程主要是对实验过程演示和重难点讲解，可以是教师在实验室操作实验的现场视频，也可以是利用网络虚拟实验动画加教师旁述讲解，适用于学生在教师的指导下，使用一定的设备和材料，通过控制条件的操作过程，引起实验对象的某些变化，从观察这些现象的变化中获取新知识或验证知识，在实验类课程中较为常见。教师在课堂教学时，把实物或直观教具展示给学生看，或者做示范性的实验，或通过现代教学手段，让学生从实际观察中获得感性认识，以说明和印证所传授的知识。

（二）按微课程制作技术分类

按制作技术分类，微课程有以下几种类型。

1. 高清摄像机实景拍摄型

这类微课程的制作最为复杂，一般要求由专业化公司进行制作。制作工具要采用高清摄像机，教师在演播室以讲授某个知识点内容为主，结合屏幕演示、板书、教学用具等活动完成课堂教学，对教学过程进行高清标准的摄像，拍摄完毕后对视频进行专业化的后期制作，添加视频特效及字幕，结合与课程相关的背景资料可以进行必要的编辑和美化。实景拍摄型微课程可借鉴微电影拍摄模式，由学校组成微课程研发团队，对课程内容进行情景剧设计策划，撰写脚本，选择导演、演员、场地进行拍摄，经过制片人后期视频剪辑制作，最终形成微课程。此类微课程中，教师会全景出现并贯穿始终，教师是整个视频的主角。

2. 虚拟仿真二维、三维动画型

虚拟仿真二维、三维动画型微课程是利用计算机进行动画的设计、创作与制作，产生真实的立体场景与动画，可以对人的视觉产生新的冲击。动画以其形象直观、表现力丰富的特点不仅可以激活学生的学习兴趣，而且可以帮助学生更好地理解书本上的知识，深受师生的喜爱，给人一种身临其境、耳目一新的感觉。这类微课程的制作采用专门动画软件进行开发，教师本人一般不出现在画面中。这种类型微课程由设计者按照课程教学内容在计算机中首先建立一个虚拟的世界，并按照要表现的对象的形状尺寸建立模型以及场景，再根据要求设定模型的运动轨迹、虚拟摄影机的运动和其他动画参数，然后按要求为模型附上特定的材质，并打上灯光，生成最后的微课程视频。

三维动画技术模拟真实物体的方式使其成为一个有用的工具。由于其精确性、真实性和无限的可操作性，目前被广泛应用于教育领域。在微课程制作方面，这种类型的微课程能够给人耳目一新的感觉，因此受到了众多学生的欢迎。

3. 触摸一体机PPT演示加真人拍摄型

这类微课程的制作需要在配备触摸一体机的专用教室或录播室里进行，视频记录工具为高清摄像机。制作时一般由教师站在触摸一体机前进行教学内容讲解，触摸一体机同步播放课程PPT，教师可对PPT的播放进行控制。触摸一体机PPT演示加真人拍摄型微课程与实景拍摄型微课程制作过程基本一致，也需要进行后期视频剪辑制作，最终形成微课程。在这类微课程中，教师会全景出现并贯穿始终，教师是整个视频的主角。

4. 电脑屏幕录制型

这类微课程的制作相对较简单，教师稍加培训就可以掌握，录制时一般由教师本人独立完成。电脑屏幕录制型微课程制作首先要选定教学主题，搜集教学素材，制作PPT课件，通过录屏软件，对照PPT课件进行讲解，进一步调整录屏界面与位置然后进行录制。教师在录制时按照教案，一边演示幻灯片放映或对其进行各种操作，一边讲解。电脑屏幕录制型微课程在录制时可以选择是否录制教师本人的头像。录制完毕后，对录制的微课程视频用后期视频编辑软件进行适当的编辑和美化。由于这类微课程视频主要呈现教师的 PPT 课件，PPT 课件的制作水平决定了微课程的质量，教师一定要在制作精美的 PPT 课件上多下功夫。

5. 可汗学院（手写板）型

这类微课程的制作相对较简单，由教师通过手写板和画图工具对教学过程进行讲解演示，并使用屏幕录像软件录制。教师稍加培训就可以掌握，录制时一般由教师本人独立完成。制作时首先针对微课主题，进行详细的教学设计，形成教案；第二步，安装手写板、麦克风等工具，使用手写板和绘图工具，对教学过程进行演示；第三步，通过屏幕录像软件录制教学过程并配音；第四步，可以进行必要的编辑和美化。在这类微课程中，教师一般不出现在视频中。

6. 数字故事型

数字故事型微课程就由数字故事（digital storytelling）发布为视频而产生的课程。数字故事是用数字化的方式表达故事，以文字、图像、声音、动画等多媒体元素，创造可视化故事的过程。数字故事作品作为一种喜闻乐见的教学方式被众多一线教师采用。在学习、制作过程中，教师不仅能学会常用的教学软件的使用，借以提升自身信息技术素养，同时还可以将教学故事的可视化用以表达教学内容与知识点。数字故事型微课程由教师自己制作，通常使用 PPT 软件进行制作，根据自己当前的教学目标，设计故事主线，并收集和加工相关的图片、视频、音乐、动画等素材，按照讲述故事的形式制成 3—5 分钟的 PPT 课件，用然后把 PPT 课件发布为视频而形成的一种微课程形式。

第二节　外语微课程设计

一　背景介绍

现如今高校中的大学生多是"90 后"的新生代，再加之互联网新时代的快速发展，在学生之间 3G 手机、4G 手机、iPad、笔记本等数码产品的使用范围相当广泛，信息化发展的高校校园大背景为微课程的普及使用提供了硬件条件。

有些高校校园与互联网公司建立了合作关系，无线网络覆盖校园，从而为学生提供了价格低廉的信息便捷渠道，为学生的学习、生活和实践活动提供了"空中课堂"平台，旨在建设数字化辅助系统校园。其中，大学外语课程的网络"空中课堂"平台主要包含教学活动、文献资料、教材推荐、学科资料、竞赛资料、学习视频和学生作品等栏目。

外语教师可以通过网络空中课堂上传微课程及其辅助教学资源，为学生提供在线学习资源，学生也可以下载到电脑、手机上进行移动式的学习。同时网络信息平台还为教学和学生创设了交流互动的条件，可以通过微课程下的课堂教学栏目进行微练习、微测试，教师可对学生成绩给予客观的评价和监督，促进师生之间形成良好的同伴关系。

二　微课教学模式设计

信息时代的特征和优势为外语教学改革带来新的思路和手段，外语教学尝试将微课程的教学模式应用到外语教学实践中。微课教学设计主要包含四个阶段：微课视频制作及教学资源开发、学生自主的课前预习阶段、课堂上师生合作、所学知识内化和总结反思阶段，如图 2-2 所示。

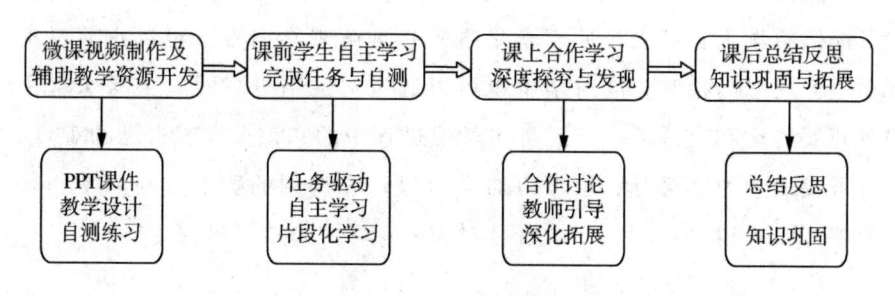

图 2-2　微课教学模式

（一）微课视频制作和开发

本阶段主要由外语教师来操作，教师需要整理、总结微课程的主题，并详尽列出大纲、教学内容，搜集多方面教学资源和视频使用素材，为微课程的视频录制提供丰富的有效资源。当素材搜集齐全后再通过上文中所介绍的微课制作步骤进行录制，制作完成后，教师需要对微课的整个过程进行深入分析，找出其中的不足和缺陷，加以改善后即完成微课的第一个制作阶段。

（二）课前学生自主学习

为了给微课程的课堂教学互动奠定有力的基础，学生应在微课前开展自主性的预习，教师可根据微课的教学目标和教学主题，根据教学内容的听、说、读、写的任务要求，构建具有思维框架式的教学内容导图，针对导图中所体现出的教学要求，相应地制作成若干教学视频，供学生在微课之前完成对新知识的自主学习。例如，以写作任务Memo（备忘录）为例。教师在微课前，完成对Memo写作的2—3个视频的录制，录制方法主要采用上文中所提到的录屏软件、会声会影等制作软件，并将这些备忘录视频分享到网络平台，学生可通过在线和下载的方式来学习。为了强化学生对知识的自主学习能力，教师可以根据Memo（备忘录）的设计原则，增设一些思考题，或者是给出一些反面案例，通过以视频的方式展示给学生，学生可根据对理论知识的掌握程度对思考题给予解答和辨析，这对学生的学习效果诊断具有客观的评价作用。在学生自主学习中，为了增强微课堂的教学效果，可提供给学生教学设计便于学生进一步理解视频内容，对自我学习水平进行反思与检测。同时学生也可以通过对网络分享网站上的课堂栏目开展讨论和交流活动，对自主学习过程中的知识点发表自己的观点，也可发表学习体会等，也可以对学习过程中遇到的疑难点与同学、教师展开实时讨论互动，完成自己对Memo写作的知识建构。

（三）课上合作学习

微课程教学中，要使学生提前对微课视频和材料进行及时学习，逐渐形成个性化、自主化的教学模式，提高微课的教学有效性。根据建构主义的教学观点，学生对知识的掌握程度可在一定的情景中得到强化，学习者可融合自我的认知和相互认知两方面的协商完成建构型的学习模式。因此在微课的教学中可根据 Memo 写作，制定相关的具有真实情景的学习情景与典型实例视频，并根据情景与实例提出相应的问题，在学生具备一定的课前自主学习 Memo 视频的基础上，让学生分为若干公正的小组，学生通过对 Memo 实例进行学习，开展具有探究意义的讨论和合作学习。然后，根据学生在课前自主学习阶段中对疑难点和重难点问题的讨论，从中提炼出具有探索意义的问题，在教师的引导下，通过小组之间的讨论和总结，对教学中所需的语言特色、格式要求、专业技能等有进一步的理解。学生、教师在互动与讨论过程中处于同伴写作关系，老师不再是单纯的知识传递者，教师的角色则转化为学生学习过程中的引导者和指导者。微课堂的互动教学实现了由单向信息传输到双向意义建构的转变，活跃了外语学习氛围，激发学生学习兴趣，教学质量也明显得到提升。

学生在基本掌握微课内容后，对相应的主题布置作业系统，例如 Memo 写作任务完成之后，教师给予相应的情景，布置与之相关的写作任务，学生对问题做出解答，完成知识的学习和运用过程。教师根据学生对问题的解答情况进行评断，可选择优秀作品展示给学生，供学生作为学习的典型，逐步实现全班学生成绩的平稳上升。

（四）课后总结反思

教师根据微课堂的教学反馈和学生的作业解答情况来重新审视自己的微课程，反思在微课堂中所存在的不足，教师可根据同伴、专家对微课堂做出的评价进行反思和交流，在不足之处予以改善和提升，从而正确认识到自身专业和教学能力上所存在的欠缺，同时也可以加强外语教师对同伴协作的重视程度，逐渐将合作的能力应用到外语教学中。

三 微课程在英语教学应用的设计策略

外语微课程教学在设计策略中需要抓住几种关键性的环节：首先是外语微课程的选材，选材的主题要具有"微"特征，但是这里的"微"并不是指无足轻重，而是具有简练精短的特征。微课程选材要贴合学生思维和探索的习惯，又要具备探究挖掘性的意义，从而对学生的思维产生拓展性的促进作用。微课程的另一个利用优势是用"微"效果来以点带面，通过设计思维缜密的微课系统和环环相扣的微课程环节来实现有效的外语教学。在微课程框架的设计前，外语教师需要结合教学大纲和教学课程的教材内容，教学设计的步骤主要有如下几种。

（一）导入设计

微课程的导入阶段设计理想可以吸引学生的注意力，因此在外语微课中要重视以单元话题、某一知识点作为背景的课程设计，可在外语导入部分采用轻松、节奏感较强的音乐搭配图片进行演示，从而激发学生的学习热情。例如在 Chapter 1 Traveling 单元的教学中，主要以旅游为关键词，围绕法国旅游为主要教学内容。外语教师在微课的导入部分可将法国著名景点、建筑、美食和购物等旅游图片作为导入部分，可以充分吸引学生的注意力。同时在导入部分的简介也可以为后文的阅读奠定文化背景常识，对陌生单词起到一定的猜测功能，有利于阅读部分顺利完成。除此之外，外语教师也可以配合一段有趣的小视频作为微课导入部分。总之，微课的导入部分要紧密联系教学主题，且具有较强的吸引力，外语教学可创造形式多样、内容丰富、风格多变的导入部分。

（二）呈现设计

可分为以下几个类型。

1. 阅读课

对于一些故事性的外语阅读课，如 "Beyond Time and Space" 是讲述一个宇航员在外星球发生的探险性故事；"Senses"是讲述一只导盲犬帮助盲人顺利逃离火灾的故事，针对上述这一类阅读课，为了增强课堂的真实情景，可以将故事制作成动画微电影，使学生随着故事情节的发展对外语课文进行阅读。通过将单纯枯燥的文字阅读变为影音性的生动微电影，学生在欣赏的同时快速掌握外语阅读能力，为外语课堂营造直观、活跃的气氛。

2. 写作课

例如在高校英语课文中的写作课程中，学生往往会存在很大的抵触和反感心理，这主要是因为学生只有有限的词汇水平和语法知识相关，因此很难写出令人满意的文章，为了改善这一问题。可以将外语写作课通过微课的方式呈现给学生，如教师对一些具有议论性质的写作主题搭配典型事例，通过图文并茂、生动视频的辅助资源，使学生在观看视频之后有所感悟和启发，从而为议论文提供写作思路，进而鼓励学生大胆记录自己的观点，微课程用播放代替讲授，以生动的教师方式达到理想教学效果，同时也强化了学生的思维能力和情感体验。

3. 语法课

语法课主要指对英语一般现在时、过去式等的讲述，对于学生来说语法课枯燥乏味，高校学生在中学时代对语法已经有一定的基础，因此并不需要过多重复讲解，否则只会使学生产生厌烦心理，因此在微课语法的设计中，外语教师可以通过创设情境或者挑选微电影等题材作为辅助素材，将大量的语态句子插入微课程中，再进一步根据视频进度使学生对语法做出归纳和总结，接着模仿微电影所呈现的语式进行练习，水平较高的学生也可以通过对微电影进行续集编排，同时提供语法使用规律。

4. 词汇课

传统的外语词汇课教学中常采用跟读单词、反复记忆等方法，这种教学方法使学生保存记忆的时间十分有限，因此可将目标词汇分为几组，以这一组词汇所特有的性质和含义创建一个简单的微课堂，学生通过将词汇融入微课观看的情景下，加强对词汇的理解和记忆。另外，对于重点词语也可以安排一节微课，例如：Success，需要加强学生对这类固定搭配和词根的深刻记忆，Success 名词指"成功的人或事"，动词 Succeed，固定搭配 Succeed in doing something，形容词 Successful，副词 Successfully。通过在微课中将这些词语归纳，并进行固定搭配，引入例句，将词语应用到短文中进行理解和记忆，也可做一个思维导图的微课程，学生便容易进行区分了。

（三）情景设计

微课程英语情景教学法的最大优势是完全负荷大脑的运转过程。生理学研究指出大脑的左半球主要执行逻辑、语言、书写等思考性质的任务，而右脑则主要执行对图像、音乐、图标的直观认识，两者经过精密的配合工作来活动。在微课中所创设的情景教学法，除了为学生设计直观的体验之外，还注重对情景的真实体验，学生可身临其境进入其中一个角色。这样的教学方法可以高度集中学生注意力，大脑处于兴奋的最佳状态，记忆力和分析能力也处于最佳效果期，对所学的内容也会记忆深刻。例如学生在课堂创设的情景中表演几分钟，就可以对表演中所涉及的英语知识深深印刻到脑海中，并很久都不会忘记。在外语微课程教学中可采用不同类型的情景教学方式。

1. 口语课（提供情景、话题）

比如：Education visits，单元主题是游学访问。通过微课前学生对课文的自主学习，对所学主题已经有所了解。外语教师在口语课上特意根据自身在英国留学时所拍的一系列照片制作成微课，照片下特意省略相应解说，学生会产生较大的好奇心理，教师可积极引导学生对图片提出疑问，这样整个学习气氛也会十分活跃，促进师生之间的互动和交流。活动之后可鼓励学生根据自身的爱好设计游学计划，并将游学计划与同学分享，这样学生所说的语式远远超出了课文要求。

2. 语法课（提供情景）

在讲授定语从句的时候，外语教师用班级一年多来的活动照片、活动视频配以清脆动感的音乐，做成一个微课程"My Class Album"，指导学生运用定语从句的语法来介绍微课程中所展示出的人物、活动。学生在看到视频中同学的照片难免激动，因此在课堂中学习气氛会十分活跃和融洽。在教授过去进行时时，外语教师可引用我国灾难性的事件作为微课程视频，通过图像的沉重来深深打动学生的心灵，他们会积极投入语句的练习中，通过对句子难度的递进描述，最后以 Story behind the picture 为题完成了颇具成果意义的一篇微课。

（四）归纳总结

针对外语语法烦琐复杂的特征，学生容易产生混淆，若外语教师在微课上制作出思维导图和情景使用，会收获理想的教学效果。如对语法非谓语动词的讲授中，包含不定式与分词两种不同形式的非谓语动词在句子中的成分、词组的搭配等。外语教师利用 mind map 软件做出树形思维导图，按照导图每一个环节展示相应的微课，为学生提供直观的学习条件。学生也可根据这也微课设计来构造属于自己理解的语法思维导图，从而加强对语法的掌握。同时，学生也可根据微课的设计理念和思路来不断建构自我的学习策略与方式，善于总结微课中适合自身的学习路径。

（五）课程拓展

微课程不仅为学生提供了便捷精短的学习方式，同时还对学生的思维拓展、潜能挖掘、社会适应能力等的培养具有促进作用。在选修课中使用微课教学，外语教师可有意识地安排学生个人或小组通过合作查阅相关素材和资料自主设计微课程，培养了学生自主学习的习惯和与人协作的社交意识。例如在英语歌曲"Imagine"的欣赏课上，外语教师可安排学生对导入部门进行介绍，通过微课的前两分钟对作曲家的一生做简要介绍，这就需要学生在课前做好充分的准备，需要浏览和查阅相关信息，有利于拓展学生的课外知识，引领学生逐渐形成正确的积极人生观。

第三节 微课程思考与实践

随着我国外语教学改革的不断深入和信息技术的快速革新,新时代的专业人才的需要对外语教师专业发展和教学角色定位提出了更高的要求。外语教师作为直接培养学生的一线人员,在教学改革中也具有重要的推动作用,因此在教师专业发展的提升上面临着严格的要求。而基于微课堂的教师专业发展具有极强的开放性、参与性、互动性、合作性、个性化、资源共享性等特点,将自主、开放、创新、分享的教育理念融入其中,可见,基于微课的外语教学已经成为提升教师专业发展的有效途径,并不断地给外语教学改革和创新带来深远的推动作用。

一 微课程的研究意义

(一)微课程的理论意义

首先,微课堂为我国外语教学模式注入新的教学活力,外语课堂不再局限于45分钟长的唯一教学模式。其次,微课堂有效地弥补了传统外语固定死板的教学方法。最后,对外语教师的校本教研工作也起到推动作用,为外语教师科研工作带来客观的便捷方式,最突出的特点是对外语教学的某一知识点进行细致化的讲解和分析。针对目前外语教师专业发展存在的局限性,微课堂为教师专业发展提供了新的思路和方法,丰富了信息环境下的教师专业发展的理论。

(二)微课程的实践意义

首先,微课程在外语课程中的应用,对于教师课堂设计、制作、讨论、合作和反思等研究过程要优于一般的评课,微课程具有细致、指导、针对等优势,因此可以客观地对外语教师专业能力进行评价,同时还可以有效解决外语课堂中难以完成的任务,改进和完善教学模式。

其次，简短的10分钟微课堂教学可以充分利用夜月时间进行移动式的对话和互动，微课程实践教师可以同社会各界教育者、专家进行自由的讨论和交流，根据讨论结果来反思自己的不足，从而加强自我评价意识，对教学行为进行完善和改正，提升教师专业发展水平。同时，外语教师也可以通过观摩和记录同伴之间的微课堂教学，分享和学习他人的教学经验，借鉴其他学者的教学智慧，通过与同伴之间的思维碰撞、引发共鸣，促进教师群体之间的专业发展。

最后，面对现如今我国教育资源和信息利用途径紧缺的现状，微课堂为外语教师专业发展资源提供了新的原生态渠道，对我国教育资源的优化利用具有重要意义。微课堂主要由四部分构成：微设计、微课件、微反思、微教学课例，他们是共同构建相互促进的协同组织，是一项具有主题鲜明、形式多样、内容丰富、结构紧凑的新型资源。

二 微课堂为教师专业发展提供新的契机

为了更好地改变传统教研与校本教研流于形式、碍于情面等弊病，更好地解决教师专业发展中理论与实践相脱节的问题，解决教师工作与学习、研究之间的矛盾，改变教师自上而下的专业发展模式，需要为教师提供能帮助其有效解决教学问题的途径，更好地促进教师的专业发展。

福建省教育厅于2012年举办全省学校教师"微课堂"网络评选活动。教师通过自主设计微课，制作微课件，将教学目标和内容融入微课中，将理论联系实践，促进教师对课件的操作能力、课堂管理与组织能力、讨论和探索、自我反思等能力的发展，哺育自己的专业成长。另外，外语教师还可以观摩和分享同伴教学经验，逐步提升自我的专业智慧和思考能力，提高发现问题和解决问题的能力，不断改进自己的教学行为，提升自身专业发展水平。当前微课堂不仅能真实再现原生态的课堂，还能实现教学得失与他人共享，相比45分钟完整的教学录像具有更强的针对性，有利于教师教学与研究，为教师专业发展提供新的契机。

（一）微课堂是教师专业发展的必要条件

外语教师专业发展的提升是提高教学质量和教育创新改革中的焦点问题，微课堂教学模式不仅可以从外部和内部促进教师专业发展，而且为外语教师专业发展与其他提升路径之间建立纽带与桥梁。外语微课堂专业发展模式拓宽了教师专业提升路径，由单纯的传统提升方法转化为具有时代、科学、新颖等特征的发展方法。微课堂是信息时代的产物，同时也是提升外语教师专业发展的必然发展条件，是教育改革的必然结果。微课堂利用现代化科技技术、网络平台和数字媒体技术等为教师提供了培训、专业发展的支持和帮助，为教师专业发展提供简化和便捷的提升通道。近几年来，"国培"计划的实施就是对教师专业提升的一次成功尝试，并收到理想的培训效果。传统的教学职业培训多是以大班的形式在固定地点、时间和空间，依赖教师的面对面授课进行专业培训和发展，这种培训方式存在较大的局限性。如今，微课堂的利用改变了固定的交流方式，同伴之间可以随时进行网络分享、评价和讨论，对教师专业知识建构具有明显的促进效果，首先微课的制作技术就为教师的教学提供了形式多样的方法与手段。微课堂给教师专业发展提供了全新的技术支持平台。

（二）微课堂改变了教学模式中教学双方借助的媒体介质

微课技术、数字网络等技术为教师创建了广阔的交流平台。教学互动由传统的面对面交流转变为由网络平台、视频交流等方式，教学成果也由理论转向实践，由有纸转向无纸，即提供了全新的教学模式。传统的教学方式只是一味地单向灌输知识，忽略了学生自主学习、探索学习、合作学习等能力的培养，在现代化教育技术流行的时代，学生不会借助网络来汲取知识，也是对教学资源的浪费。因此，外语教师首先要熟练地灵活运用现代教育技术，通过对视频录制、教育媒体制作、资源共享、网络支持等教学工具，从而引导学生在多媒体教学的环境下开展互动、探索、合作性的教学课堂。无疑微课为教师教学方式和专业发展提供了新的技术支持。

（三）微课堂对教师专业思想的现代化提供保障

微课可以为经济条件较差、地区偏远的教学提供宝贵的教学资源、教学理念先进思想、先进模式。因此，微课堂对教师的思维观念、教学观念转变也有重要的支持作用。在网络信息传播迅猛的今天，教师对网络教学资源和信息要取其精华、去伪求真、由表及里地进行分析，并要具备不断探索和尝试的精神来改革自身的教学方式。因此教师对现代微课堂的应用和学习要进行有效的筛选，同时教师也要大胆地对现代教学手段进行实践，否则只会落后于现在的教育水平。教师专业发展的方式也不再局限于教材大纲、参考书等，而是要充分利用网络信息的功能和现代教育技术，从而为教师专业发展之路创建更为广阔的发展空间。

（四）微课堂是科学技术发展信息的传播者

微课堂不仅是对现代教育技术的正面反映，而且标志着科学技术发展的趋向和进步空间。教师专业的提升与现代教育技术息息相关，离不开现代化教育技术的支持，因此，外语教师要及时跟进现代科学技术发展方向，这是教师专业提升的能力要求之一。同时，教师专业的发展也会受到现代科学技术的制约，教师专业发展的目标是实现教师向专家、研究教育者角色的转换，因此现代教育技术是必备的能力要求。微课是现代教育技术的典型专业发展手段，尤其是对教师未来的发展具有重要的推动作用，即微课的质量与水平会越来越高，是引领教师专业发展的有效策略。

（五）微课程，助力教师的专业发展

如何进行课堂管理使之更为有效，如何保证课堂教学质量以达到学校的教育教学目标，作为一名新教师如何在教师专业化发展上寻求突破，这都是教师亟须思考和解决的问题。

作为一名教师，其专业水平的发展和提升则是不可避免的问题，尤其是作为新教师，若想在教育道路上有所成绩就必然要坚定自己的成长信念，时刻反思自身不足、所犯过的错误，以及可取的优点。至此，教师专业化发展不能速成，需要教师一朝一夕的积淀，它是出现问题、分析问题、解决问题、深入实践的无数个不断循环而得来的厚积薄发。既需要自己树立问题研究的意识，也需要专家教师的引领与指导，更需要教师共同体的研讨与陪伴，就如草根论坛、龙岗微课程者群和微课程工作室这些研究团体。

　　微课程凭借自身主题鲜明、短小精练等特征迅速赢得教师的青睐，其中好评的优势主要体现在两个方面。一是针对现代工作、学习和生活的快节奏化特征，人们抽不出较长的时间进行专门的学习，因此要充分利用碎片化的时间来提升自我，微课就是一种只有8—10分钟的课程，既不需要人们消耗大量的时间，还能为工作和学习提供良好的条件。教师行业无疑是亟须解决这一学习需求的人群。二是因为微课程能够帮助教师深入挖掘教育教学中的问题根源，促使其思索问题的解决策略，将教师的教育教学思想及其反思可视化。

三　微课堂环境下教师如何进行专业发展

（一）认真学习微课堂

　　教师专业发展是一个需要建立在长时间学习基础上的成长过程，在信息时代的背景影响下，教师专业的发展需要适应两方面的变化：一是知识经济社会的来临，学习型社会形成和终身教育体系建立，教师不仅要在学校教育教学中获得知识体系的扩充，而且还要在社会生活中进行学习，即在新时代的发展下教师的专业提升方式也更加便捷和广泛；二是要适应微课堂对教育教学领域的使用价值，在对教学方式、过程、管理和评价等改革过程中，教师的角色、工作形式和作用也在不断地发生变化，微课堂则是创新和改革教育教学现代化形式的催化剂。教学改革中的变化对教师专业能力和职业素养提出了新的要求，需要教师必须快速转变陈旧的教学理念，适应现代化教育发展要求，否则只会处于落后位置。微课教育理念和思想对教师的要求发生了质的变化，教师不再是单纯的知识传授者，而是终生学习能力和学习型社会中的学习者，在教育教学中不断反思和进步的学者。因此教师专业发展实质上就是教师自我学习提高的过程，是对教学工作反思、完善和建构的过程。在信息时代，微课是提升教师专业能力的有效路径之一，教师必须认真学习微课的相关知识和开展理念，适应新时期对教师的专业能力要求，树立终生学习习惯，并踊跃将现代教学技术应用到教学、科研、实践过程中，做一个现代化教育课堂的引领者和教育者。

（二）在实践中应用微课堂

教师需要端正教育态度，勇于在实践中应用微课堂，善于发现和利用一切优良的教学资源，实现教育资源的利用最优化，培养学生自我利用媒体资源的自觉性，将教学工作和学习过程相互结合，使教学更具生动性、形象性，同时在教学过程中不断成长、不断成熟和转变自己的教学理念。

第三章

国内外微课堂与外语教师专业发展模式研究

第一节 国内外微课堂研究综述

一 国外微课堂研究综述

早在 1993 年就出现了微课堂的雏形,L. A. McGrew 在 *Journal of Chemistry Education* 上发表了《60 秒的有机化学课》,这节 60 秒课堂是国外最早、最简短的课堂,在这节 60 秒的课堂中只是对化学课的基本内容点进行演示,并没有涉及教学任务、教学互动等辅助环节,因此与真正意义的微课程还存在很大差异。

2005 年的《60 秒的普通化学课》在一定意义上也促进了微课程的发展,直至 2009 年,《高等教育纪事报》报道了《60 秒的课程——一分钟长的课程在一个社区学校取得了成功》一文,这一课堂的教育主导者是美国圣胡安学院的课程设计师戴维·彭罗斯(David Penrose),他在《职业安全》这一专业学科中通过微课程教学模式呈现,并在教学效果和目标实现上取得了理想成绩。据 David Shief 所说,彭罗斯对微课程给出自我的评价:微课程是以视频的教学的形式来讲授学科关键词和知识点的简短(1—3 分钟)课程,如果制作系统完整的连续微课程进行网上教学，并注重教学任务和互动环节的辅助，教学效果会优于传统教学，同时还可以激发学生的学习积极性。《高等教育纪事报》还报道了彭罗斯制作微课程的五个步骤（如图3-1所示）。

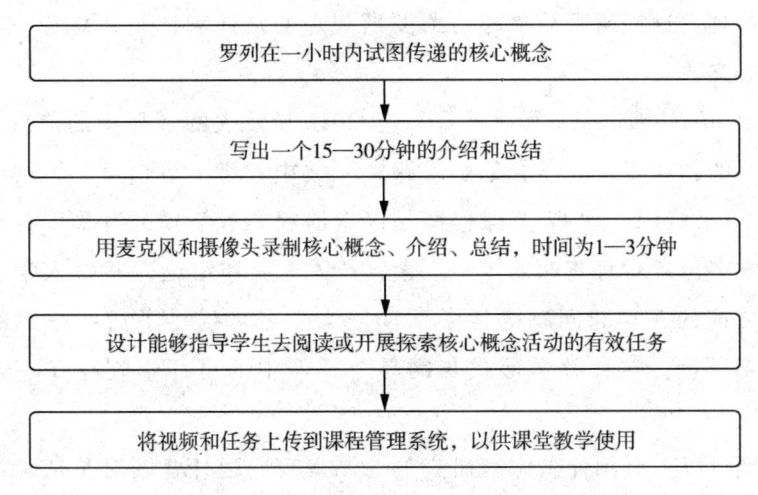

```
┌─────────────────────────────────────────────────┐
│      罗列在一小时内试图传递的核心概念              │
└─────────────────────────────────────────────────┘
                      ↓
┌─────────────────────────────────────────────────┐
│      写出一个15—30分钟的介绍和总结                │
└─────────────────────────────────────────────────┘
                      ↓
┌─────────────────────────────────────────────────┐
│  用麦克风和摄像头录制核心概念、介绍、总结，时间为1—3分钟  │
└─────────────────────────────────────────────────┘
                      ↓
┌─────────────────────────────────────────────────┐
│  设计能够指导学生去阅读或开展探索核心概念活动的有效任务  │
└─────────────────────────────────────────────────┘
                      ↓
┌─────────────────────────────────────────────────┐
│  将视频和任务上传到课程管理系统，以供课堂教学使用    │
└─────────────────────────────────────────────────┘
```

图3-1 彭罗斯制作微课程的五个步骤

彭罗斯对微课程的研究成果受到教育者的关注和欢迎，对微课程的研究工作具有推动作用。Fox News、State News等多家媒体对其进行了报道。当然对微课程的具体教学方式和研究工作，也引起学者们的争论。

与此同时，有些学者对微课程的应用范围和教学价值提出了质疑。如Matt Crosslin（2009）认为微课程的使用范围较窄，只适用于一些简单的学科课程。并提出了微课程的教学模式并不是传授知识，而是需要学习者自我建构知识框架和系统。Libby Morris（2009）通过对高等教育中使用微课程教学的情况进行研究，提出了微课程是否只适用于在线学习、应用的教学效果等问题，但是Libby对这一系列问题并没有提出自己实证性的观点和解答。由此可见，对微课程的应用、价值等方面还存在很多质疑，仍需要不断地进行深入实践和探索。而Joan

Van Duzer（2011）在彭罗斯对微课程的研究基础上微课程时间增加到 1—5 分钟，甚至是 15—20 分钟，并对微课程的教学内容进行了规范，提出微课程的教学内容必须具有针对性、突出性、明确性的概念和技能。在此基础上，对微课程教学过程中常出现的五大问题、三大应用进行整理，这些研究结果是对彭罗斯观点的延伸和扩充，具有一定的进步意义。

Blaine McCormick 和 Van Gray 于 2010 所发表的《杯中的信息：只喝饮料的创业者所应学会的必修课》一文中列举了可口可乐值得学习的 12 节必修课。这 12 节课程都是以微课程的教学模式开展，在微课程教学中包含对每节课的核心概念、具体内容和结论，并融入学生和教师之间的互动和问题等教学活动，为学习者提供了活跃浓厚的自主学习环境，这种教学形式与网易公开课中的可汗学院存在一定的相似度。

经过以上对国外微课程研究的总结发现，国外学者对是从学习者的角度出发来认识新时代的微课程教学模式应用价值和教学效果，但是并未做出实践性的解答，另外对微课程的具体教学模式和学习方式研究并不深入和全面。

二 国内微课堂研究综述

国内广东佛山教育局胡铁生（2011）首次提出对微课程的利用，他在《"微课"：区域教育信息资源发展的新趋势》一文中对微课程内涵和价值进行分析，该文从"微课程是为了弥补传统单一资源教学的局限性而产生的一种新型教学资源"的角度出发，对微课程的概念和内涵进行阐述，微课程具有"主题明确、核心突出、短小精悍、资源多样"等特点。根据佛山的微课资源库，具体分析了微课程资源开发的实践过程和步骤，并对微课程的教学发展趋势和价值进行大胆预测。他认为，微课程打破了传统教学中的教课方式，是对听课模式的改革和创造，对教师专业发展具有重大的促进意义；微课堂为学生对不同学科知识点和概念的学习提供个性化、移动化、便捷化的学习条件，是对传统课堂资源的科学化拓展。这篇论文对我国微课程的发展和利用具有启发式的影响，详细阐述了微课程的概念、特点、分类和具体实践、制作过程，并对微课程的发展前景进行分析，为以后的微课程研究和应用奠定了坚实的基础。

罗刚淮（2012）在《从"微课微型课题微型讲座"例谈教师的教学研究》一文中提出，微课堂与整节课最大的评价差异在于课堂时间的长短限制，微课堂的时间一般在 5—10 分钟内，他提出微课堂最适合教师的教研活动，将微课堂与整节课相结合会收获最佳效果，丰富教师教研活动，这一观点的提出对于微课堂利于教师专业化发展与成长具有推动作用。罗刚淮的微课观点为教师教学研究开拓了新的思路和方法，也从正面指出了微课堂的应用价值，虽然没有详尽地对评价标准予以划分，但已经具有重要的实践意义。

姚正东在 2012 年《微课程设计策略探微》一文中提出微课程的设计理念和策略：微课程的设计主题要紧密结合教学目标的要求，内容注重细节和互动、注重过程评价和结果评价相结合。姚正东所提出的微课程实际等同于微课堂，他强调微课程的设计要着手于促进学习者的深入研究，这一观点与新课改中所提出的教学设计理念存在较大差异。

通过上述分析，可见我国的微课程研究还处于初级阶段，许多研究理论还不够完善，国内学者一般将微课、微课堂和微课程等同为一个概念。国内学者侧重于从教师的角度研究微课堂，将其作为促进教师的专业成长的新型教学资源，并研究其如何促进？这与国外从学习者的角度研究微课程不同。但目前并没有成熟的方案，而且有关微课堂的评价标准也尚待进一步研究。

三　国内外微课堂视频展播平台现状

为使我国的微课程开发、设计和利用的微课程资源得到广泛地推广和使用，学者将其置于视频展播平台上，充分利用网络资源的共享性和开放性，为教育者和社会人士提供了解微课程优秀作品的机会。国外主要将微课程置于 YouTube 网站上，笔者暂无法看到，在此不做国内外微课对比分析。据文献资料查阅与整理，国内目前主要有四个微课堂视频展播平台：新课例征集、切片式在线评课系统、福建省微课堂以及全国首届微课程大赛官方平台。以下是对四大网站内容概况和功能的对比分析（如表 3-1 所示）。

表 3-1　　　　四个微课堂视频展播平台对比

		新课例征集	切片式在线评课系统	福建省微课堂	全国首届微课程大赛官方平台
	主办单位名称	佛山市教育局	佛山市教育局	福建省教育厅	教育部《中国教师青年报》
网站内容	微视频	2713 个 14 类微课堂：小学语文（449）、小学数学（362）、小学英语（288）、小学其他（448）；初中语文（113）、初中数学（126）、初中英语（111）、初中其他（549）；高中语文（24）、高中数学（25）、高中英语（38）、高中其他（152）；中职精品课例（26）；学前（2）	由于该展播平台于 2012 年 9 月正式开放，目前只收集到 12 个微课堂作品	5663 个 5 类微课堂：(1) 幼儿园（835）、(2) 小学（2700）、(3) 初中（1160）、(4) 高中（623）、(5) 中职组（345）排除技术测试不通过的作品，共 4472 个	由于全国大赛于 2012 年 11 月 21 日启动，目前网站微课程排行榜中共 25 个视频。内容丰富多样，"小故事""小现象""小策略"
	微反思	有（word）	有	有（视频介绍）	无
	微设计	有（word）	无	有（视频介绍）	无
	微课件	有	无	无	无
	专家点评	有（word）	无	无	无

续表

		新课例征集	切片式在线评课系统	福建省微课堂	全国首届微课程大赛官方平台
网站内容	学生反馈	无	无	有（视频介绍）	无
	其他	播放软件下载	论文、切片工具	同行点评	无
网站功能	导航功能	视频14个分类	课例、微课、专题、直播、论文、活动、公告等栏目	相关资讯、作品展示、微博互动、专家入口	大赛介绍、排行榜、下载手机应用
	平台管理	有	用户和管理员	管理员和新浪微博用户	用户和管理员
	资源检索	如果某类资源过多，需要翻页查找	站内课例名称、学科搜索	站内组别、编号、名称、微博昵称和作者真实姓名精确查找	无
	资源下载	实现视频、微设计、微反思、专家点评等资源的下载	登录后下载视频，论文无法下载	无法下载	视频需通过手机"教育通"下载
交互	视频点播	站内播放	站内播放	通过新浪播客播放	在安卓手机上观看
	评论	无须注册，评论需要经过管理员审核后才能公布	注册人群	有新浪微博账户人群	无
	论坛	无	无	无	无
	其他	无	收藏、挑错、推荐、打印论文	新浪投票、同步到微博	相似作品推荐
	帮助	无	有	无	无

注：以上数据截至2013年3月1日。

通过以上对四个网站的视频内容上分析可知，全国首届微课程大赛官方平台的微视频内容呈现的不单单是课堂录像，还有与教育教学相关的集体会、个人教育体验、教学策略和故事型的教学资源，另外三个课堂视频平台主要集中在对某学科中某一知识点或概念的课堂教学过程记录、微设计、微反思和同行、专家评价，以及学生的反馈情况等之间相互产生的结构资源。从微课堂视频的征集数量上看，新课例和福建微课堂所征集的作品都有上千个，切片式在线评课系统和全国首届微课程大赛官方平台由于2012年下半年才开放的缘故，因此征集数量较少；从资源质量上看，其中新课例征集在2010年的广东佛山微课程比赛中获得优异成绩，微课程具有教学形式多样化、内容丰富多彩、主题明确等优势，其他三个平台处于征集展示阶段。从网站功能设计上看四个平台的导航、查询、交互和登录等功能都较齐全，但在资源检索分类的功能上还存在缺陷，给用户的查找带来不便，另外新课例征集提供了便捷的微课程资源下载功能，全国首届微课堂大赛官方平台的资源需要通过"教育通"手机应用软件下载到手机观看视频外，另外两个平台都无法下载资源。从交互栏目中，由原来的异步交互——浏览、点播和评论，无论坛功能，逐渐完善到现如今的博客、微博、微信平台的分享功能，并提供直接的在线交流和互动。可以看到，微课堂视频展播平台的功能虽然存在某些细节上的缺陷，但正在不断地完善和优化，尤其是对上传作品展示、投票、评价、相互推动和移动学习等的功能是相当值得借鉴和学习的。

第二节 国内外外语教师专业发展模式研究综述

如果从现代教学组织形式——班级授课制的建立、教师开始成为一种专门职业算起，教师专业发展已经有三百多年的历史，其历史进程如图3-2所示。

由图3-2对历史进程的图示可以清楚地看出教师专业发展经历了由无须专业的兼职、自由职业转变为经过专门培训而成的专门职业。国内外学者对教师专业发展的理解、内容和内涵等存在很多不同的看法，笔者通过查阅相关文献资料、网站资源等途径总计出：

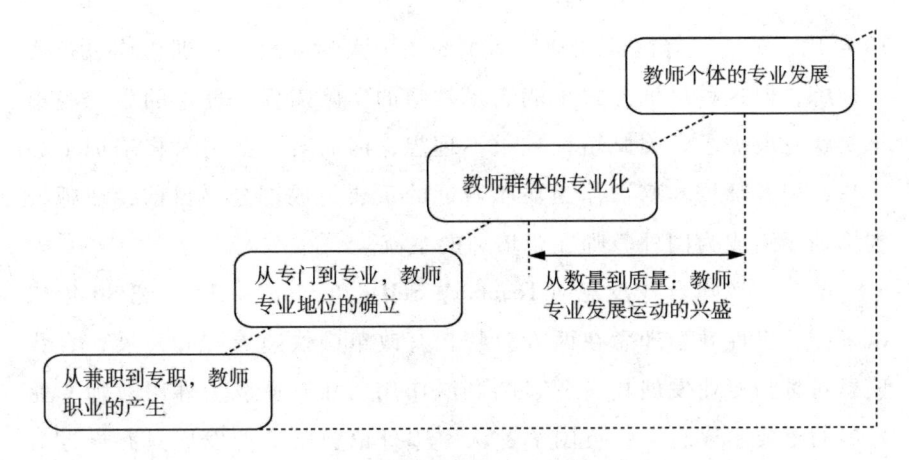

图 3-2　教师专业发展的历史进程

教师专业发展的概念、内容等方面始终处于不断变化过程中，主要集中在三方面：①对于教师专业发展概念的研究，主要探讨教师成为一个职业的概念、专业属性、内容；②对于教师专业发展阶段的研究，主要探讨教师逐渐由新手成长为专业教师、专家的过程；③对于教师专业发展模式的研究，主要探讨教师是利用何种途径和方式来促进自身专业提升，这是目前研究教师专业发展的研究焦点，因此本书主要对教师专业发展模式——基于微课程模式下着手研究，配合教师反思、同伴写作、课堂观察等模式来提升教师专业发展水平。

一　国外教师专业发展模式研究综述

通过分析李碧雄、袁东和靳希斌、裴跃进、张治国、蒋茵等多位学者的研究成果，从具体实现途径的角度出发，发现国外学者对外语教师专业发展模式主要集中在五个方面。

第一，教师校本培训（School-Based In-service Education，SBI）。政府与大学倡导的教师教育校本培训最早在英、美等国产生。20世纪

70年代，英、美等国的教师培训主要是由大学或教师培训机构进行集中训练，但这种培训方式不能满足教师的实际需要，理论的界定脱离了实践发展需求，因此培训效果不理想，因而英、美国家将培训重心下移，把教师校本培训作为在职培训的重要组成部分。目前，教师校本培训逐渐成为国外教师在职培训的主流。

第二，教师自我反思（Teacher's Self-reflection）。20世纪80年代以来，反思性教学理念在西方教师教育改革中快速点燃和发展，自我反思对教师专业发展具有明显的刺激作用，并迅速成为外语教师专业发展的重要手段之一，英国学者认为"外语教师专业发展只有通过对实践的反思和拥有系统教育教学理论并进行研究，才能成为可能"，反思被看作外语教师专业发展的决定性因素。

第三，外语教师专业发展学校（Professional Development School，PDS）。美国霍姆斯小组（Holmes Group）在《明天的教师》报告中提出了建立PDS推进外语教师专业发展的建议。PDS是由大学教育学院和中小学合作创办的一种新型学校，主要为了改善大学教师教育的培训模式和给予中小学外语教师专业发展的机会。

第四，课例研究（Lesson Study）。课例研究是一种教师联合起来计划、观察、分析和提炼真实课堂教学的过程。日本中小学数学和科学教学过程中广泛应用课例研究以提高教学水准。

第五，观察与评估模式。观察与评估是对教学进行观察和分析，从评价中促进教学的改进和提高，它包括观察准备、课堂观察和观后讨论三个阶段。

二 国内外语教师专业发展模式研究综述

对博硕士论文的研究内容按照外语教师专业发展的角度以及模式种类进行分类，分类结果如表3-2所示。

表 3-2　2002—2012 年国内有关"外语教师专业发展模式"硕博士论文分类情况

	外语教师专业发展路径	篇数
从社会的角度 （6 篇）	PDS 与 TDS	1
	校际研修	1
	网络学习共同体	2
	网络合作教研	2
从学校的角度 （21 篇）	校（园）本教研	7
	校本培训（包括课程、资源开发）	11
	学校管理（包括教师职务制度、学校领导）	3
从个人的角度 （56 篇）	反思性教学	7
	学习型组织	3
	对话（专业引领、同伴合作）	4
	课例研究，案例教学	5
	数学建模教学	1
	名教师工作室	1
	蒙氏教学法	1
	信息技术手段（21 篇） 多种信息技术手段	6
	教师博客	7
	电子档案袋	3
	知识管理	3
	学习资源中心	2
	综合多种途径	13

据表 3-2 所示，国内学者分别从社会、学校、个人的角度展开对外语教师专业发展模式的研究，从学校和个人的观点出发对外语教师专业发展模式的研究成果更为突出和聚集，在具体专业发展实践过程中主要利用校本教研、自我反思、课例研究、资源信息（特别是教师博客）等来提高外语教师专业水平。在外语教师专业发展过程中也有诸多学者开发和利用新型的途径加以提升，如蒙氏教学法、名教师工作室、综合实践活动课程等。在信息时代的影响下，越来越多的外语教师转移到利用信息技术来提升专业水平的观念中，其中典型的教师

专业提升模式有基于微课的外语教师专业发展、基于 Blog 的教育叙事研究、基于网络的教师学习共同体、教学电子档案袋以及 Moodle 平台等信息途径。

三 国内外常见外语教师专业发展模式的对比

笔者从外语教师专业发展活动发生的场所、内容、资源和具体形式四个方面，对比研究了当今世界上常见的六种外语教师专业发展模式（如表 3-3 所示）。

表 3-3　　　　国内外外语教师专业发展模式的对比

	外语教师专业发展活动发生的场所	外语教师专业发展的内容	外语教师专业发展的资源	外语教师专业发展的具体形式
教师专业发展	大学与中小学合作（外控式与内控式相结合）	针对中小学实际问题进行合作研究所累积的知识	学科知识、教材教法、专业期刊、相关书籍等文本资料；多媒体课件、网络课程、音视频等网络资源	以教师专业发展、教师专业发展为运作载体，通过教师论坛、学术沙龙、课题研究、观摩研讨、自修交流等形式促进教师专业发展
培训模式	以大学或其他教师教育与培训机构为基地（外控式）	有相关组织机构或授课人自行确定的理论性知识和技术	同上	集中培训式，或外聘专家讲授教学理念和技术应用
校本教研	以学校为中心（内控式）	针对教育教学所存在的突出问题，以教师为主体进行研究所累积的知识	同上	通过自我反思、自我专业结构剖析、自我专业发展调控、集体反思等方式实现自我专业发展和自我更新
反思性教学	以学校为中心，反思地点不受限制	对以往教学事件、教学过程等进行自我反思和剖析	教学实践	通过对课例情节的分析，促使教师教育理论与实践的连接，促进教师专业发展中实践性知识的形成，从而促进教师的专业发展

续表

	外语教师专业发展活动发生的场所	外语教师专业发展的内容	外语教师专业发展的资源	外语教师专业发展的具体形式
课例研究	以课堂为中心,地点不受限制	真是课堂的实践性知识	课堂教学设计、课堂教学录像、课堂教学反思、教师讨论和专家点评、教学课件以及其他资源(教学素材和学生反馈等)	通过教育叙事、传播与交流(专家、学生、同行等)、知识管理等方式促进教师反思、教学能力、知识的发展
教师博客	以学校为中心,地点不受限制	教师自选	学科知识、教材教法、专业期刊、相关书籍等文本资料;多媒体课件、网络课程、音视频等网络资源	

在分析上述六种模式的优缺点后,可以发现为使教师更好地实现专业发展,教师可以融合以上模式的优点,利用教学活动相捆绑的模块化资源,借助信息手段,实现具有针对性和实效性的教学、学习、反思、教研和研究,促进教师的专业成长。基于微课的外语教师专业发展就集中体现出以上六种提升优势,微课除了提供视频性质的教学资源外,还为教师教研、反思、互动等提供了广大的信息平台。

第四章

微课下的外语教师专业发展策略

第一节 新时代的外语教师职业特征

由于小学、初中、高中、大学层次不同，英语教师在通过反思性教学促进专业发展方面可能存在一些差别，诸如素质要求、能力结构、反思内容等。下面以在"工学结合"模式下的高等职业院校英语教师为例，看反思性教学是如何促进他们专业成长的。

一 外语专业教师素质要求

"工学结合"人才培养模式是指高校与企业之间的不同教育资源和环境，发挥各自的优势，将二者相互结合，满足人才在工作岗位和学习之间的应用型人才需求。高职院校"工学结合"的人才培养模式要求学院一改传统本科院校"学科本位"的观念而加强"能力本位"意识，充分结合生产实践和实际项目进行教学，以能力为本位，以项目为载体，以学生为主体，培养实践能力强，适应社会需求的人才。工学结合教育模式"教学一体化"的重要特征对高职院校英语教师提出了新的要求，外语教师除了要具备较强的语言专业知识之外，还应具备一定的课程开发能力和实践能力，以及职业管理与组织能力、合作能力、职业道德与精神等。因此，在"工学结合"的理念指导下，外语教师的专业发展自然被赋予了新的意义，外语教师的反思性教学也必然被赋予了新的内涵。衡量和评价外语教师的专业知识的标准基本上是按照教师掌握运动知识和技能的多少来确定的。

新外语课程将摒弃"学科中心主义"的概念，倡导以学生发展为中心，以促进学生的健康发展为目标。显然，外语教师的原有专业知识已远远不能适应外语课程的改革与发展。外语教师的"知识本位观"和"学科本位观"将被"学生本位观"替代。

二　外语专业教师的能力

高职教育的目标和高职教育人才培养模式对外语教师的能力结构提出如下要求。

（一）跨学科学习的能力

高职教育旨在培养"高技能应用型人才"的目标决定了外语教师不可只教英语语言知识，而应把提高学生英语应用能力作为主要培养目标。对应用英语专业的学生来说，英语是他们常用的工作语言，是实现与外籍同事和客户交流的工具，但他们工作的内容往往是商务，学生的商务知识和商务实操能力也是决定其在职场上是否成功的关键因素之一。因此，如果外语教师的英语语言学知识不能胜任CBI（Con-tent-based Instruction）教学，就难以培养出高素质的复合型英语人才。高职商务英语的教学内容一般包括三大模块：商务英语专业语言知识、基础商务知识（包括国际贸易、国际营销、人力资源管理、国际商务文秘、国际商务文化等）和国际商务交际能力。从事商务英语课程教学的教师应是英语语言能力强、商务知识丰富、具有实践经验的"双师型教师"。所以说，外语教师还应该根据教学需要不断学习国际商务知识，必要时可以考取一些行业执业资格和职业技术职称，如"国际商务师"、"经济师"或"物流师"等，同时要加强校企之间的交流，争取到企业第一线锻炼的机会，丰富自己的实践知识。这种向国际商务"跨界的能力"是高职商务英语教师专业发展的重要保证。

（二）实践能力

外语教师专业实践包括课堂实践教学，指导学生整周实训、毕业大作业、毕业前顶岗实习、学生专业技能竞赛及学生创业实践等。工学结合的人才培养模式要求外语教师在具备较高的英语语言教学理论水平的同时，还需具有较强的专业实践能力，熟悉国际商务操作规则和流程，有商业企业工作经验，这样才能在实践教学环节游刃有余。可以说，高职院校教师的专业实践能力决定了其实践教学的质量。

（三）课程开发能力

高职院校应服务于当地经济，高职院校课程开发的基本程序是根据本区域经济发展和人才需求设置专业，调查工作岗位能力需求，通过设立专业指导委员会确定课程设置内容和分析典型工作任务并确定教学项目，通过行动导向教学，使学生在"工学结合"的教育模式中掌握专业知识和技能，发展职业能力。

工学结合课程开发也是外语教师专业发展的重要方面，开发出与当地经济发展和人才需求相适应的工学结合的专业课程。从课程内容资源看，新外语课程的内容将不再是清一色的竞技运动项目内容，民族传统外语项目、新兴运动项目将被引入外语课堂。

鼓励外语教师开发课程资源有利于调动教师的积极性和创造性，有利于学生得到更好的发展。同时，教师开发课程资源的能力也是反映其教学能力和水平的一个重要指标。

（四）职业指导及创业指导能力

职业指导是指外语教师要对学生未来的职业做出引导性的规划，根据市场和社会经济发展需求的趋向来对就业形势做出预测，外语教师做出专业传授知识中的职业引导人，使学生从一名学生的角色逐步养成具有职业能力的准职业人员，这就需要外语教师必须具备高水平的职业指导能力。

（五）校企合作能力

工学结合模式的高职教育是开放型的教育，更需要教师走出校园，走进相关企业行业，走进社会。外语专业教师和学生可充分发挥自身的社交能力，与企业之间建立良好的合作关系，以便开展实践性意义的校外活动，为学生、教师提供了校内提高外语专业能力的通道，从企业行业获取教育教学、教育科研等支持。

（六）教学、科研能力

高职院校教师除了完成一定的教学工作量，还必须参与教研、科研等工作。外语教师要善于在教学中发现问题、研究问题、解决问题，通过对教学内容、教育方法的研究和改进，进而提高教育教学质量。教学研究不仅促进高职院校教师自身的发展，同时也促进高职教育的发展。一成不变的传统外语课堂教学程序，限制了外语教师课堂教学设计等能力，遏制了外语教师的创造性。新外语课程要求外语课程体现均衡性，因此，外语教师要转变观念，多从学生的角度考虑，根据不同的教学内容、教学情境等设计出有利于学生进行有效学习的课堂教学程序。

第二节 外语教师职业专业发展策略

一 树立终身教育观念，提高学习能力

外语教师专业知识和实践能力的持续发展必须要强化外语教师自身的专业发展意识和内在动机。通过提高学教师学习的能力和树立终身教育的观念可以内化为外语教师提高专业发展水平的内驱力，从而推动外语教师的知识和能力可持续发展。

与传统的外语课程相比，新外语课程无论在课程理念、课程结构、课程实践等方面都具有较大的变革和深化，外语教师单凭自身的专业知识和实践能力根本无法实现对外语新课程目标的要求。因此，外语教师首先要树立终身学习的观念，在教学过程中也要坚持不断学习，汲取新技能和知识结构的终身学习习惯，并将这一学习理念融入外语课堂教学之中，以不断提高教学质量。

掌握正确的自主学习习惯不仅是终身教育理念的标志，而且是实现终身教育理想的必然条件。可见，自主学习能力的培养是外语教师专业发展中的重要内容和工作。外语教师应当了解获取知识和技能、更新思想观念的途径；具备资料的收集归类、分析探索、判断推理等科研能力；善于借鉴和革新教学教育和科研工作方法，学会结合现代化教育技术和研究方法进行自我专业能力的提升。

二 完善适应新外语课程下外语教师发展的教育机制

（一）加快高等院校外语教育专业课程改革

高等院校作为培养外语人才的摇篮和基地，必须增强教育教学改革的责任感。高校应将教育教学改革作为外语教学的指导思想，外语教师作为教学过程中的引导者，首先应对外语教师的职业素养和专业知识提出新的要求和规范标准，为外语教师的专业化发展营造良好、浓郁的外部环境。

1. 高等院校外语教育专业的教师要改变传统的人才观

外语教师要随时跟进时代的教育步伐，摒弃传统的人才观和教育观，将提升自身专业发展水平作为长期计划，注重综合素质的培养，而不是单纯的重视对专业讲解和师范能力的提高，更需要以学为主体进行人才教育。因此只有首先提升外语教师的专业水平，学生才能从外语教学过程中获得更多、更大的益处。

2. 高等院校外语教育专业应设置适合新外语课程教学的课程体系

从课程设置看，现行我国外语教育专业的课程设置中与外语教师教育、教学能力明显相关的课程大体包括教育学、心理学、教育实习等。这些课程的学时比例相对偏低，且内容比较陈旧，而新外语课程对外语教师教育教学能力不单如此。因此，外语教育专业应结合学生的发展特点增设或扩大教育学科类的课程比例，实现二者之间的教学平衡。如外语课程论、外语教学论、教育技术与外语等，以适应新外语课程对外语教师教育教学能力的要求。

3. 高等院校外语教育专业课程要突破传统的教育教学模式

虽然高等院校外语教育专业经过多年的不断改革，但并没有从根本上改变传统外语教育教学的模式，在外语教学中仍然将死记硬背、反复练习等教学方法作为提升专业能力的办法，忽略了学生在外语兴趣和擅长方向的引导，忽视了对学生综合素质的培养。外语新课程要求应转向对学生职业能力的引导，根据学生的个性化需求因材施教。

（二）更新职后培训观念，创新职后培训模式

1. 转变外语教师的继续教育的基本范式

根据1985年《国际教育百科全书》中对教师的在职、继续教育范式研究可知，这一书中主要分为四种教育范式，即缺陷范式、变革范式、问题解决范式和成长范式。缺陷范式主要是指根据教师在教学能力、专业知识上存在的不足、失效、补差等。变革范式主要是指在政治、社会、文化和经济等的发展背景下相应的专业教育所发生的变革。问题解决范式主要是指对教育中存在的问题进行相应的研究和解答。成长范式是指针对教师的专业发展过程和规律，通过一定的发展方式来提高自身的专业能力和水平。我国外语教师在培训范式中多以补偿教育为主，这是因为外语教师在教育教学和科研中存在缺陷，无法满足外语课程的改革需求，主要体现在以下几方面。

一是忽视外语教师的主动参与性以及外语教师需求的多样性和差异性，拘泥于外语教育经验与理论基础，在职培训中忽视教法、学法的实践性。

二是外语教师在职和继续培训在学科范围、专业能力上缺乏拓展性和延伸性，培训模式设计单一，缺乏实践性和探索性。

三是教师专业结构系统存在较多问题，虽然理论知识上掌握程度较理想，但是对职业素养、职业道德、现代科学技术应用和人文精神、学习型能力等方面却存在较大缺陷。

新外语课程要求外语教师的培训范式应有原来的缺陷型转变成成长型范式，且融入变革、问题解决范式，构成新型的综合培训范式，这是新时期对外语教师的特殊要求。外语教师重视自身的专业成长可以有效地提升自身在多学科、多类型、多层次的教育能力，不断丰富自身知识储备，且为教育水平和科研能力奠定坚实的基础。

2. 开展以新外语课程为核心内容的外语教师继续教育工作

这一继续教育工作的提升主要体现在两方面：一方面，应贯彻教育部对外语教学课程改革的指导思想和标准要求，在课程标准等严格规范下开展培训工作，在提高外语教师专业知识的同时转变外语教师的传统教育观念；另一方面，外语教师要将教学、科研和培训等相结合，使三者之间通过互相促进、互相影响的关系来实现自身能力的螺旋式上升。要合理地选择培训模式，例如将长期、短期培训相结合，集中、分散培训相结合，鼓励教师同伴之间的参与式培训模式，为同伴之间的交流和沟通提供平台和机会，从而就教育和科研中的问题进行讨论和解决，从对方身上学习独到的教学观点和方法，从而不断拓宽外语教师的知识面和职业技能。

3. 优化外语教师继续教育课程结构

教师继续教育课程门类繁多，但从本质内涵上加以分析可以归纳为四个主要学习元素：

①学科知识（本体性知识）；

②教育理论（条件性知识）；

③教育实践；

④专题研究。

传统的外语教学培训课程主要以围绕外语学科专业知识结构为主，新课程的要求需要外语教师建立由学科知识为主的本体性课程、条件性课程、实践性课程等构成的三维课程结构;通过将三维的课程结构进行有机结合,从而提高外语教师的专业发展能力,促进经验型外语教师逐渐向专家型教师转变。

第三节 微课下的外语教师专业发展模式实现途径

从目前教师教育时间来看,培训是教师最长久的福利。研究是教师发展最长久的动力,反思是教师超越经验的最根本途径,而构建教师专业发展的学习共同体则是促进教师自然合作文化的有效载体。教师培训、教师成为研究者、自我实践反思以及构建教师学习共同体应该成为教师专业发展的主要途径。

一 教师培训

教师培训一般有入职培训和在职进修。入职培训主要针对刚入职的新教师,对他们进行支持、监督、评价等。在职进修主要为进一步提高教师素质或学历而进行的继续教育,形式多种多样,有短期的、长期的,学历的、非学历的,脱产的、半脱产的、非脱产的。

我国一直十分重视教师的在职教育,但是在职培训过分重视学历教育,近年来尤其以提高教师的学位和学历层次为主,也没有形成面向教师教育实践能力提高的培训体系。另外,职前培养、入职培训和在职进修也还处于相互分离和割裂的状态,尚未形成一体化的师资培训体系。这种局面严重制约了教师的专业发展和师资培训的质量。

针对教师培训中存在的问题和挑战,我们对教师教育资源观念和培训模式进行了一些有益的改革尝试。例如,我国已经开发了职前职后一体化的教师教育课程体系;鼓励并资助教师短期、在岗以及自修、参观、研讨等多种形式的非学历教育,采用远程学习方式进行教师培训等。但是最明显的改变还是校本培训的兴起和实践,校本培训是近年来教育改革的重要发展方向。校本的含义一是基于学校，二是在学校中，三是为学校。在教师专业发展和校本之间，我们以为，有必要用一座桥梁把它们紧密地联结起来。

通过校本培训，促进教师的专业发展，它呈现出以下几个特点。

（1）长期联系性。以教师任职地学校为受训场所，可进行比较持续而长久的培训。

（2）实践性。教师没有脱离工作岗位，将培训工作与教学工作紧密联系，能及时地学以致用。

（3）灵活性。能根据实际条件灵活机动地安排活动时间、活动内容，必能针对学校的自身特点和每位教师的个体特点加以安排，做到继续教育个性化。

目前，英、美等国已经具有较成熟的校本培训模式。尤其是英国，形成了制度化的教师校本培训计划。事实上，英国不仅是教师在职进修采用校本培训的模式，就是职前培养和入职培训也以校本为主，以中小学为基地，实现了教师培训校本一体化。其他国家的制度化水平不如英国，大多还处于个体行为阶段。20世纪90年代后期，我国也逐渐认识到教师校本培训工作的重要性，先后颁布了一系列的政策法规，各地也不断开展教师校本培训的实践探索。现在，各级各类学校都积极投入校本培训实践中，一线教师与学者一起探索适合我国国情的教师校本培训操作模式，使教师培训发展到了一个新的阶段。

二 教师成为研究者

当前，教师专业发展已成为国际教师教育改革的趋势，受到许多国家的重视，也是我国教育改革实践提出的一个具有重大理论意义的课题。在教师专业发展中，教师已由传统的"传道、授业、解惑"转为教育活动的组织者、设计者、合作者。教师这一职业角色、职能的转化要求其自身发展是持续的。因此，教师必须树立正确的发展理念。

从国际教师专业化探索过程来看，教师要想获得持续发展，适应教育变革及其新要求，做一名"学习者"是很不够的，更需要教师有能力对自己的教育行动加以反思、研究、改进，即树立"教师即研究者"的专业发展理念。

　　从教师专业发展的外部条件来看，第一，社会的发展对教师职业的要求越来越高，随着时代的发展和科学技术的进步，原来的某些教育内容已经不适应社会发展，许多新的教育内容又在不断地涌现，这就要求教师自觉跟上时代的步伐，不断进行自身知识结构的新陈代谢，要求现代教师具有不断更新自己教育技术的意识，不断追求新知，并有意识地运用于教育教学活动，必须具备终身学习的观念和浓厚的科研意识。因此，"教师即研究者"是时代对教师的要求。第二，三级课程的实施意味着原来属于国家的课程开发的权力部分地下放给学校和教师，从而使课程开发不再仅仅是学科专家和课程专家的专利，教师也成为校本课程开发的主体之一。这样，教师不再仅仅是课程的消费者和被动的实施者，而在某种程度上成为课程的主动的设计者。校本课程开发必须源于学校的教学实践，就是说要在教学实践中发现问题，采集数据，明确开发的顺序和方法。于是在这个开发过程中，教师既是课程的实施者，又是课程的研究者。这就要求教师运用自己所有知识对自己的教育实践经验进行多层次、多角度、多学科的分析，以便对自己的实践有一个理论上的理解或解释，并发现其中的长处与不足，为以后的改进做好准备。校本课程开发要求教师以一个研究者的身份进入课堂教学实践，并成为一个对自己实践不断反思的"反思实践者"。第三，教师的工作，包括教学工作，是富有创造性的工作，教师要使自己在职前培养中初步奠定的合理知识结构能在以后的教师工作中发挥作用，就要在保持知识结构的开放性的同时，还必须学习和提高自己"转识成智"的能力。即用智慧去驾驭信息和知识的能力。这就要求教师不仅转换知识观，而且了解不同学科、不同场合、不同目的使用的不同知识形态，采取不同的传递方式，指导和帮助学生能够在这些知识面前善于判断、选择、取舍，并能够进行不同知识的组合、转换，引导学生学会发现问题和提出问题，学习着手解决问题。教师创造性的这一特点必然要求教师要研究所传递的知识及其构成，研究传递知识的方法与途径，研究学生，研究教学，将知识、方法、价值融为一体。第四，在现代社会的知识理论中，由于知识本身与人的关系越来越密切，知识的含义已经发生了一定的变化。知识的建构性特征越来越明显和突出。知识成了人们进行思维的原料，教学是通过作为思维系统的知识来增进人的自由，发掘人的创造力，所以知识在教育过程中发挥作用的重要机制在于理解，而不在于认知与回忆。根据这种新的知识观，教师的教学活动和学生的学习活动本身也是一个创造新知识的活动和过程。在这个过程中，教师和学生都是作为主体而进入教育过程的，他们通过协商、互动的方式共同对知识进行理解和建构，这就意味着对教师素质、能力方面的要求提高了，即教师必须是一个研究者，才有资格、有能力担负起建构性知识的教学任务，创造性地设计一种开放的、有助于师生合作及学生独立探究的学习情境，在积极的、主动的、创造的学习活动氛围和背景中，帮助学生去发现、组织和管理知识，引导他们而非包办。

　　从教师专业发展的内部动因分析，教师成为研究者是教师自身成长的必要。第一，教师的知识是教师专业化的基础。就教师的知识结构而言，以知识的功用出发将教师知识分为本体性知识（即教师所具有特定的学科知识）、条件性知识（即教育学和心理学的知识）和实践性知识（即关于课堂情境及与之相关的知识）。已有的研究表明，教师的本体性知识与学生的成绩之间几乎不存在统计上的关系，且并非本体性知识越多越好。同时，条件性知识也只有在具体实践的情境中才能发挥功效，更为重要的是实践性知识。而这类知识的获得，因为其特有的个性、情境性、开放性和探索性特征，要求教师通过自我实践的反思和训练才能得到和确认，靠他人的给予似乎是不可能的。从这个角度看，教师成为研究者是教师职业发展的决定性因素。第二，从普通教师到优秀教师或教育专家，大致需要经历掌握学科知识、获得教学技能、探索教育教学规律等三个阶段。知识是通过职前和职后的学习获得的，技能的提高主要靠自我的悟性与经验的积累。但如果一个教师仅仅满足于获得经验而不对经验进行深入的思考，不管其实际教龄有多长，其真正价值也只是经验的重复，充其量也只是一个"教书匠"。要想成为优秀教师或教育专家，需要的是像科学家那样的探索精神，要带着理性的目光，审视自己的昨天和今天，审视从他人那里学习来的经验，审视一切正在使用的方法与正在讲授的知识。他会自己设定活动的目的，自己把握教学的过程，并会根据整体的需要去调整自己。会主动地、超前地意识到教育教学中的各种可能出现的问题，会走在改革的最前沿，有创造性地改进自己的工作，并在更高的层次上拓宽自己的知识、完善自己的知识结构，形成自己的教学技能，使自己成为一个学者型、专家型的教师。第三，教师成为研究者是教师形成教育信念的必要前提。教育信念是人们确证、认定、坚信并执着追求的教育思想和教育理想，是支配教育者教育行为的内驱力。教育思想和教育理想一旦上升为教师的教育信念，就会成为其生活、工作的内在动力和自觉愉快的追求。教育信念是使教师摆脱"教书匠"的困惑，使平凡的工作得以升华、变得更富价值的关键所在。形成教育信念，是教师专业发展的最高境界，但教师的教育信念不是教师头脑里固有的，它除了受理论的指导，更是通过对已有教育思想和教育实践的审视、反思和辨析，经过自己潜心的理论钻研和探索，敢于坚持自己深思熟虑的教育观念，并不懈地确信、恪守、实践，具有教育价值，才能形成自己成熟的教育信念。

  教师通过有效的方法使自己更快地成为研究者，有几个方面值得特别指出。

  首先，教师应树立问题意识，善于发现问题。教师可以通过不断反思自己的教育教学活动和效果，以及整理自己的亲身感受和困惑来发现问题，也可以从新的教学观念、思想与自己的教学实践对照中发现问题，通过自己的做法与别人的经验比较来发现问题，甚至可以在与学生、家长的讨论中发现问题。

其次，教师要学习一定的教育科学理论和研究方法。有很多途径可以得到教师教学研究知识和研究方法的学习。比如可以参加相关的培训，可以通过关注关于教育的理论期刊来了解教育理论的前沿和教育实践的焦点并掌握一定的研究知识。教师也可以链接或收藏比较有影响的教育网站，加入一些研究团体等。这样，教师可以与同行交流自己的思想。

最后，应该提倡教师采用行动研究的方法进行教学研究。行动研究起源于美国，就行动研究的基本步骤是计划—行动—观察—反思这几个环节，反思是行动的核心提升阶段，四个环节环环相扣，通过相互促进的方式达到螺旋式上升的目的。具体实施行为是教师在学校所担任的教学和研究工作中，根据制订的计划开展的一系列工作，主要有搜集文献和资料、分析问题、改进方案、付诸实践行为、评定和反省，根据研究出横过进行相应的教育教学改革，提升教师自身的教学和科研能力。

对"行动研究"的开展方式特点进行研究，主要体现在以下方面。一是"行动研究"的根本目标是提升教师行为质量、解决问题的能力和工作效率。其中最大的效能作用是针对实践工作和科研中所遇到的问题，以最佳的方式和手段来解决问题，"行动研究"是围绕实践情境中遇到的问题而开展，其研究对象也不具有代表性、普遍性或者随意性，例如可是一个班级、一个人、一个小群体等，由此可见"行动研究"并不是过于追求高效能。"行动研究"不是为了某个理论知识的界定或行为约束，而是单一地为了解决眼下遇到的问题。因此"行动研究"的评价和反馈只需要通过衡量对现状中存在的问题是否有效。二是研究人员的特定性，研究人员就是处于实践情境中的教育者，注重研究与行为过程之间的相互统一。教师在教学过程中担任主要的实践者，对于研究过程中存在的问题掌握清晰。在行为研究过程中，教师要亲身体验其中，扮演研究者的角色，而不是依赖同行或者专家的研究结果，通过自身的分析和探索获取解决的办法。

综上可知，"行动研究"对教师行为具有一定的要求，它需要教师积极参与、分析研究、实践反思，同时研究者之间要建立良好的共同体关系，通过相互协作、共同研究。这样才能扭转教师"旁人"的角色，从而成为真正的参与者和研究者，从只停留在表面的理论知识说教者变成参与实际工作中的行动者。而在以往的研究活动中，专家本身只从事研究，并不直接应用成果，实践工作者应用成果却不参与研究，使得"研究"与"应用"脱节。行动研究正好弥补了这个缺点，将研究者与运用成果的实践者结合在了一起。

三 自我实践反思

自我实践反思，指教师在教育教学和科研过程中，能够保持客观公正的态度来批判性地正视自己知识和行为中的不足，通过回顾、评价和监督加以诊断，并给予肯定支持或否定，再进一步经过反思和改进来提升自身的专业能力。自我实践反思的特征主要体现在以下几方面。一是实践性，指教师的专业能力提升过程是建立在具体的教学、科研操作实践的基础上，表现出具体的"行动研究"特点。二是针对性，实践反思具有强烈的"现行"行为、观念的思考和总结性。三是时效性，是对教师"时下"行为和观念的判断、纠正和改进，具有时间效应，周期可根据主观研究进行缩短。四是反省性，是指教师从改进和提高的角度来认识自己，对于自身的实践行为给予多层次、多角度的总结、思考，是教师自我认识和反省的体现。自我实践反思是教师对专业发展能力的内在精神、外在经验、情感体验等提升的基础，这是推动教师进行专业成长的动力。五是过程性，指反思需要教师经历意识、关注、思考和改正等阶段，也指教师的专业成长是一个漫长的过程，需要经过教师不断的努力，才能成为理想型的教育者。

至于教师如何进行反思，有人提出一个很简单的反思问题表，这对开始尝试教学反思的教师来说十分有用。教师的自我实践反思可以从以下这些问题开始。

（1）关于知识基础的反思。作为一名外语教师，自身的知识理论结构是否完整化和系统化？自身的教育理论是否先进和科学，长处和短处表现在哪些方面，通过什么方式来完善知识体系。

（2）关于教育理念的反思。我有什么样的学生观和学习观，我眼中的学生是什么样的，自己在教学和管理学生过程中的思维方式是什么，我的教学理念是什么，我有什么教育理念。

（3）对于教学行为的反思。我的教学行为体现了什么样的教育理念，实践教学行为与现代教学理念的差异在哪儿，如何缩小差距，自身的教育观点是什么。

（4）关于反思的反思。我有没有反思，我习惯于反思什么，我是怎么反思的。

四 构建外语教师学习共同体

教师质量是有效保障教育质量的重要因素，而教师的专业发展是教师质量提升的必然要求。更是我国教育改革向纵深发展的决定性因素。因此，自20世纪80年代以来，教师专业发展就成为我国乃至国际社会教育改革关注的焦点。而外语教师学习共同体对外语教师专业发展具有积极推动作用，它不仅为外语教师专业发展提供了资源上和情感上的支持，也为外语教师专业发展创设了一个实践、合作、反思的平台，无疑是促进外语教师专业发展的最有效的途径之一。外语教师所构成的学习共同体具有相同的目标，即为了提升教师自身的专业能力，通过有利的方式来促进教师自身专业学习、反思和进步，逐步完善行为规范性，实现超越自我的学习型团队，它能够有效地促进教师专业发展。

在宏观上，教师专业发展依赖于国家的政策法规作保障。例如，《教师法》《中华人民共和国教育法》《教师资格条例》文件中对教师专业资格的评定和标准要求，也明确了教师工作的专业性，为我国师资队伍建设和教师专业发展创造了良好的制度环境和有效的政策支持。

外语教师的专业发展要区别于传统的发展模式，切忌故步自封，应具有开放性、合作性和科学性，专业发展不拘泥于个人的行为，也指教师团体中的集体行为。因此在微观上，外语教师专业发展需要有良好的外界环境和职业成长氛围，以及教师同体之间的合作与互动交流，需要一种学习促进的生态环境和良性运行机制，在良好的环境刺激下充分发挥教师在学校、社会平台上的创造能力，施展个人才华，并通过群体中的对话与合作，运用科学、严谨的态度探讨教育教学规律，从而不断对个人的知识、能力和经验进行有效反思与整合，对自我行为、观念进行。在这种形势下，教师专业发展就需要一个学习组织的出现，使教师能参与到组织中学习，能充分地利用群体资源，激发个体智慧，并从整体上促进教师专业发展。而教师学习共同体正是基于满足这样需求的学习组织。在这个学习组织中，教师们就共同的话题，围绕着教育教学的内容，展开对话、进行合作和分享经验，从而实现教师共同发展、共同进步的目标和理念。

可以说，教师学习共同体是应教师专业发展的呼求而脱颖而出的。教师学习共同体关注教师群体的学习，重视对学习"过程"和"结果"的研究，积极创设教师合作氛围，引导教师进行持续学习、分享学习，并将所学应用于教育教学实践活动，从而促进教师专业发展，最终使学生受益。而且教师构建学习共同体具有以下有利条件。第一，学校的优势就是每门学科都有自己的专业组织，便于形成科学高效的专业队伍，而这一点也恰是教师专业发展的一个最重要的指标之一。第二，接受过高等教育的教师，一般都具有一定的科研能力，为教师学习共同体中的"对话、分享、协商、反思"奠定了坚实的基础，这对于培养反思型教师、研究型教师来说，是一个非常重要的条件或者优势。第三，随着我国教育改革的进一步深化，各级教师在教材的选择和使用、教学方法的运用、学生考核等方面的主动权不断增强，这对于教师专业发展也是一个必备条件。因此，教师构建学习共同体具有很多有利条件（或者优势），有高质量构建和操作的可行性。

第五章

微课下的外语教师专业发展模式构建

第一节 基于微课的外语教师专业发展目标

一 基于微课下的外语教师专业发展指导思想

（一）要促进学校可持续发展

发展是事物客观存在的规律，是随着内部和外部环境的改变而不断适应更新的一个过程。"可持续发展"是现代社会文明发展所提倡的新理念，这一理念是支撑社会各个部分有序进行的保障和基础。社会的可持续发展离不开内部结构的协调发展，教育事业作为社会结构中的重要组成部分，备受人们的关注，教育的可持续发展间接影响到相关社会因子的进步，优化和促进社会结构的完善，促进社会文明和经济水平的发展。学校是教育培养的摇篮和源地，研究教育的可持续发展自然离不开学校教育的可持续发展，学校教育是直接影响教育可持续发展水平的重要因素。学校教育的可持续发展主要体现在内涵和外延两方面，其中，学校内涵的可持续发展成为学校发展的主要目标和重点方向。有关学者提出学校内涵发展主要包含学校发展目标的制定、学校管理和运行机制的构建、学校教育科研工作的深入发展以及学校教学改革工作的深入等内容。可见，发展多元化教学方式为学校教学内涵提供良好的教育环境和氛围是尤为重要的，本研究着重从微课程的角度出发来发展学校的可持续发展。

（二）要提升教师的教育智慧

2001年6月我国拉开了新一轮基础教育课程改革的帷幕。学校的课程教学改革主要体现在课堂上，教师在课堂上扮演多重角色，具有引导、帮助和鼓励等作用，新课程改革的实施对外语教学的综合素质提出了新的要求。教师综合素质的话题是一个经久不衰的问题，这是由于教师的职业特征是随着时代变化不断更新的，然而教师综合素质水平的提高也正是教育者关注的焦点和难点。现代社会的发展特征要求教师具有多智慧、多思想、多个性的新要求，新时代课程改革提倡外语教师要将智慧、思想和个性等内在品质和专业素养不断渗透到教学过程中，从而感染和内化为学生自身智慧的一种教育。教师的智慧型教学主要体现在实践教学过程中，包含多个方面，集中表现在教师对外语课程目标的明确、教学方法的改进和手段创新、课堂观察的细致和敏锐性、及时发现教学过程中存在的问题等综合素质能力。智慧型教师不是一朝一夕可形成的，需要长期的教学实践和经验累积所成，是教学科学与艺术二者间的完善融合，是教师对教学反馈工作的不断反思、改进、完善和提升的结果，同时也是外语教师自身的教育理念、理论知识体系、情感与价值观、教育特色和管理机制等多方面的综合表现。

由此可见，智慧型教师要求外语教师时刻关注和反思自身专业素质和内在的品质、行为修养等。首先，外语教师的智慧型素质培养是建立在同伴之间的交流和合作上的，同时外语教师要不断对自身综合素质进行发展和创新，将个人的专业发展作为终生提升目标。微课下的外语教师专业发展能够丰富教师的教学方法和手段，创新教师实践过程，提升教师的职业素养，利于教师专业形象的塑造。因此，微课下的外语教师专业发展是教师实现智慧化的有效途径之一。

二　微课下的外语教师专业发展的目标定位

（一）感受与提升教师的教育幸福感

教师的教育幸福感主要来源于教师在职业生活中的体验、收获和感受，是对自身教育事业的满足感，集中体现在对教育成果上同伴给予的肯定、自我效能感的具备、教师专业发展的不断追求。根据诺丁斯的幸福来源理论，人类的幸福感多来源于自身优良的品质、行为修养和人际交往关系。微课下的外语教师专业发展的建构能够提升教师各方面的素质，尤其是在专业素养方面，还可以提升教师的内在品质修为；同时为教师同伴之间的交流和沟通提供广阔的平台，建立自身友好的人际交往圈，为职业幸福感奠定基础。微课程的制作和展示可以增强外语教师的职业体验和感受，通过利用现代化教学手段来提高教学质量，利于排除职业倦怠和厌恶，通过教师同伴间的交流和合作同时感受到职业、生活中所带来的充实和美好，从而提升外语教师的职业幸福感。

（二）促进教师学习能力的提升

新时代的发展特点要求外语教师处于不断的学习与提升过程中，学习能力主要示指在学习情境中的求知、实践和发展能力，学习能力包含多方面的能力，主要体现在观察力、记忆力、接受和理解能力、综合概括和意志力等。外语微课程的开展使教师始终处于学习的状态，有利于自身学习能力的发展。外语微课程的制作和课程展示（包含学校级别、同年级、班级级别等多层次）利于教师巩固自身的专业知识、提升自身记忆力和交流能力、课堂管理能力等，同时课堂的讨论和听课可以提升教师的观察能力和总结能力，教学改革可以提高教师的反思能力、理解能力和想象能力，微课程的实践动手和情境模拟可以提高教师的综合能力，提高教师不断求知的坚定意志力。同时，微课程的展示利于教师之间对教学方法、教学心得的交流和互相学习，利于优秀教学手段的传播。外语教师通过观察同伴之间的微课程教学方式来鞭策和提升自身在教学方面上的不足，微课程下的外语教师专业发展目标是为改善教师学习能力较低的现状，使外语教学通过微课程这一现代化的教学平台来培养教师不断学习的主观意识并提升专业发展水平。

（三）提升外语教师的实践智慧

教师的实践智慧是建立在实践教育过程基础上，是指教师在科学教育规律引导下，通过观察和学习同伴间的教学经验来反思和改进自身教学中的问题和优势，从而形成一套完善的教学办法，提高教学质量的同时促进教学与学生之间的共同发展。实践智慧在教学过程中主要表现为机智灵活、多元整合、个体默会和道德品性等特征。实践智慧的提升是教师专业发展中的典型体现，是教师通过观察、反思、实践和改进等过程得以实现。班级层次的微课程外语教师专业发展利于教师在实践过程中进行探索；年级层次的微课程为外语教师之间的交流创造了机会；学校、校外层面的微课程组织活动为教师专业发展的理论体系、教学活动积累和更新提供了平台。微课程平台的展示为外语教师之间对教学经验的分享和探讨提供了便利，利于更新和培养教师科学的教育理念，从而提升外语教师在教育实践过程中解决问题的高效能力，实现外语教师的实践智慧提升目标。

第二节 基于微课的外语教师专业模式构建

通过梳理微课堂的概念、特征、分类以及教师专业发展理论，可以看到微课堂对促进教师专业发展具有一定的可行性。在此基础上笔者构建出基于微课堂的教师专业发展模式图（如图5-1所示）。

由图5-1可知，基于微课堂的教师专业发展模式是在信息技术的支持下，以真实情境、短小精悍的结构资源为基础，教师通过施教改进、集体教研、录制上传、观摩评论、反思交流、多元互动和迁移应

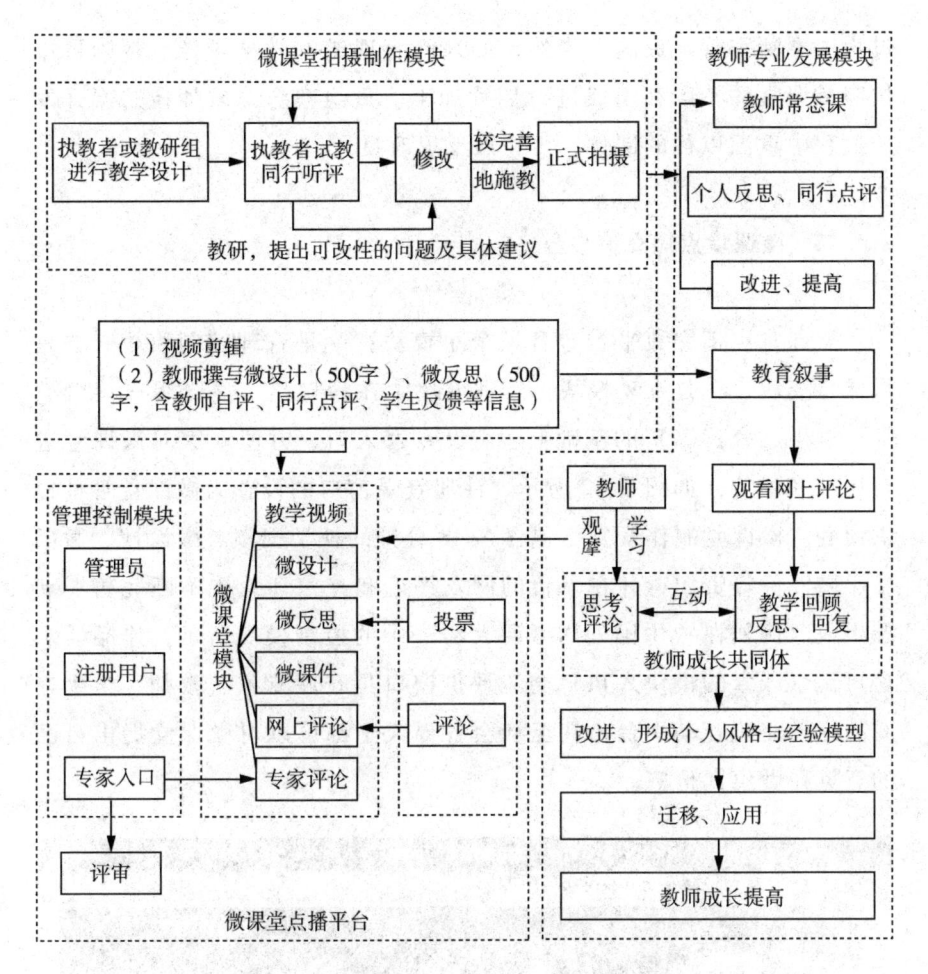

图 5-1 基于微课堂的外语教师专业发展模式

用等环节中，实现自身的发展。主要分为三个模块：微课堂制作模块、微课堂点播交流平台、教师专业发展模块。

一 微课堂制作模块

微课堂通常是根据学校教学实际和教师的需求特点，通过自主的方式，有计划、有针对性地组织开发，教师在"施教—改进—施教"

过程中不断完善、提高。当然，如果已有现成的教学录像，教师可以按照微课堂的特点和组成进行切片加工、重组整合，教师在二次开发的过程中重温以往的课例，再一次反思改良。

二 微课堂点播交流平台

微课堂点播交流平台包含三个小模块：一是管理控制模块；二是微课堂模块；三是互动模块。管理模块中在管理员、注册用户（含教师、学生、家长等）的基础上还需设专家入口，方便专家对微课堂进行评审和评价，如图5-2所示，注册登录窗口的设置为微课堂管理提供便利。微课堂制作开发出包含5—8分钟的教学视频、微设计、微反思、微课件等资源，并在平台的网友评论和专家评论中不断完善、动态生成。例如在"中国外语微课大赛"中的控制模块所示，作品展示窗口是微课堂的模块入口，交流评价窗口是开展专家、教师、学生之间的互动交流互动平台，甚至社会各界人士都可以对微课堂提出自己的意见，做出评价等。

图5-2 "中国外语微课大赛"管理控制模块

三 教师专业发展模块

如图5-1将教师专业发展模块独立体现的目的是说明"微课堂制作——网络展播交流"这一过程对教师专业能力的提升效果。在微课程的制作过程中教师需要对外语教学课程的内容进行深入分析和整理，经过反复的实践—改进过程，来发现和完善微课程中的不合理之处，其次，可以通过听课的方式进行同行之间的微课程教学观摩，在听课之后进行交流与学习，模仿同伴间的成功教学案例和教学模式，在模仿、迁移、延伸中形成教师自身独特的教学模式，从而提升教学和专业能力。微课程中还有一个显著的特点就是成长共同体的形成，传统的学习共同体主要是指专业的教师团队、专家、辅导教师等构成的群体，通过互相学习、互相影响的作用进行专业发展，而微课程平台的注册用户不仅限于专业教师团体，它不受年龄、专业、职位的限制，因为微课程的成长共同体包含了教师、家长、学生，甚至社会人士。他们通过注册用户从自身出发来发表内心的观点和建议，与教师之间形成自由、平等、真诚的交流，实现共同体之间的专业能力发展。

四 微课程教师专业发展模式的优点

本研究通过参与和实践多个外语微课程教学的设计、制作、实践、改进、投票和评论等环节，结合自身的外语微课程教学课程作品，总结出基于微课程的教师专业发展优点主要体现在以下几方面。

（一）示范性

"中国外语微课大赛"和福建省首届微课堂大赛都是组织健全、规模宏大的典型微课程比赛，在这两项微课程比赛中收集到了诸多优秀作品，其中包含了高等教育、基础教育、中等教育以及中职等各个层面的微课程，涵盖了多个领域的教学重难点和特色教学内容，教学形式和方法也较丰富，微课堂的组织和管理形式各有所长，体现出教师在微课程中所具备的科学教学理念、专业的理论知识体系、课堂的整合管理能力和个性的教学风采。这些大赛所搜集到的优秀微课程作品为众多教师提供了宝贵的教学资源库，具有较强的分享性和示范性。一方面，微课程为教师跨时间、地点的观摩、学习、施教、反思和探索提供了平台；另一方面，微课程为教师、学生的学习带来即时、高效和便捷的优质教学信息，还利于同行业教师、教育研究者通过观看典型教学案例，对比自身的教学经历发现不足和优势，通过迁移和吸取来完善自己的职业素养，实现职前和在职教师的专业发展一体化。

（二）针对性

微课堂是具有一定组织关系的微视频、微设计、微反思、微点评等结构化资源，是对教学内容中某一点或环节为中心所展开的教学活动。通过调研发现，诸多教师认为精简的10分钟微课堂教学效果远远超过45分钟课堂所带来的教学收获，微课堂的"微"为教学过程提供了针对性强、内容鲜明突出，教师通过有效直接的教学方法加深了学生对教学内容的理解和掌握，微课堂中一些情景模拟和真实材料的融合为学生对知识的记忆留下了深刻的印象。教师通过微课程的听课来有针对性地选择适合自身教学的目标、教学内容、教学方式等，微课程的教学听课模式打破了传统的听课形式，有计划、有针对性地促进教师专业成长。

（三）多元平等性

微课堂的评价主体涉及社会各界人士，而不再局限与同行教师，还包含了学生、家长、专家和社会爱好人士，他们从自身的角度出发对教师微课堂进行评价。微课堂网络平台具有显著的公平公正性，评论和参与者具有同等的待遇和要求，双方应以真诚的态度去发表自身的言论和建议，在和他们进行交流和沟通的同时获得广阔的思维，并引发共鸣。微课堂下的教师专业发展具有平等、多元、发散性的特点，弥补了传统评价体系中的不良习惯，打破了学校传统教育所遗留的等级制度弊端，实现了教育理念和教育评价上的公平公正性。

第三节　外语微课堂制作模块构建

一　微课程教学设计的重要性

微课程在国内的发展还处于起步阶段，从现有的微课程资源来看，一个很重要问题就是缺乏规范科学的教学设计，微课程作为"产品级"的教学设计应用层次，要实现较好的教学效果和可持续发展，研究和探讨微课程的教学设计显得非常必要。ADDLE模型是教学设计者和培训开发人员的一个通用过程框架，微课程的开发可以ADDLE模型为指导，为微课程的教学性、有效性和系统性提供保证，这一点国内众多微课程研究者已达成共识。

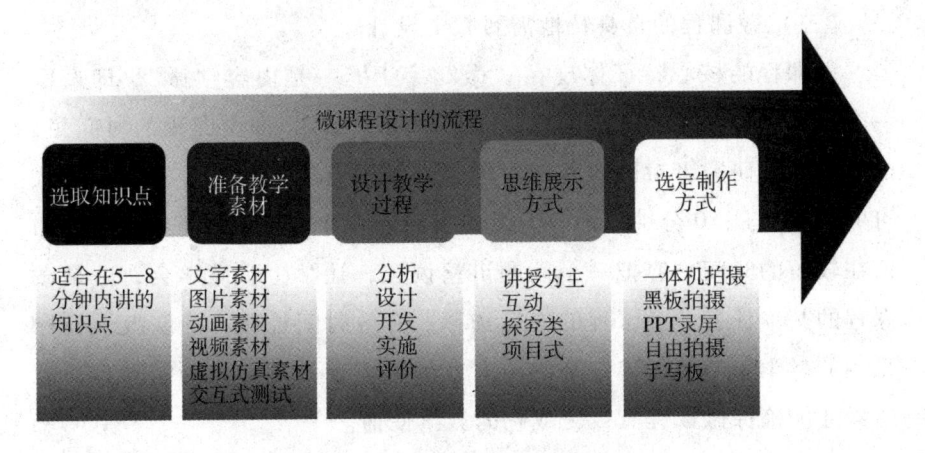

图5-3　微课程教学设计的重要性

（一）微课程是"产品级"教学设计应用

教学设计的应用指向三个层次：产品级、课堂级和系统级。教学系统设计的最初发展是从以"产品"为中心的层次开始的，它把教学中需要使用的媒体、材料、教学包等当作产品来进行设计。从学习资源的角度看，微课程是继文本、图片、动画、多媒体课件、网络课程之后形成和发展起来的一种新型学习资源形式；从教学功能的角度来讲，微课程能实现一定的教育教学功能，它也属于一种教学系统。为了优化教学效果，对微课程进行科学规范的教学设计显得非常必要。

（二）微课程的开发是一个系统工程

微课程内容的开发是一个较为复杂的系统工程，微课程资源开发一般要经过选题设计、教学策略设计、课程拍摄、后期加工、在线发布实施、评价反馈等环节，才能确保其质量。而系统方法是按照事物本身的系统性把对象放在系统的形式中加以考察的方法，系统方法解决问题的基本原则是整体性原则、关联性原则、优化性原则、动态性原则。因此，必须用系统的思想和方法来开发微课程，这样可以有效提高微课程开发的质量和效率。

（三）微课程的自身特性需要教学设计

微课程的核心特征体现在"微"字上，一是内容"微"，即选取一个知识点作为主要课程信息；二是时间"微"，即微课程的时间短，虽然国内外研究者对微课程的时间长短并没有明确规定，一个比较认可的范围就是10分钟以内。但微课程还有一个重要特征是"精"，如何在较短的时间内容把一个问题讲精说透，让学生听懂学会，这是微课程的基本任务。微课程的内容选择、有效时间控制、围绕教学目标采用的教学策略等的确定都需要有效的教学设计理论作为指导，只有这样才能确保微课程有效完成它的教学使命。

二 ADDLE教学设计特征描述与解析

ADDLE是由美国佛罗里达州州立大学的教育技术研究中心为美国陆军设计和开发的培训模型，该模型迅速被美国所有武装部队采用。

该模型来源于美国 1970 年军队培训的一个教学系统设模型，名称为五步法教学系统设计模型，同时也借鉴了 1968 年 Bela Banathy 提出的教学系统设计模型。1981 年 Russell Watson 对该模型做了细节上的修正，五个阶段依然是分析、设计、开发、实施、评价和控制，在具体的步骤上做了细微修改。1984 年，美国陆军更新修改了 ADDLE 模型，把最后一个阶段的评价和控制修改为评价，同时模型由线性静态的模型变更为环形动态模型。1995 年 ADDLE 首次被正式提出，名称来源于五阶段的首字母缩写。1997 年 Merrienboer 提出，ADDLE 模型在具体使用情境中是灵活的、因地制宜的，可以有效地和其他学习理论以及教学系统设计模型结合起来使用，效果更好。ADDLE 模型不仅仅是一个教学设计过程模式，更为重要的是，它为我们提供了一个解决问题的思路。ADDLE 模型已经成为教育技术解决问题的一种方法论，在国内外的组织培训领域产生了广泛的影响。

（一）ADDLE 模型的特征描述

其基本特征如下。

第一，模型包括分析、设计、开发、实施、评价五个阶段，其中评价阶段渗透于其他四个阶段当中。

第二，该模型在实际应用过程中即要求系统性和整体性，但结合不同的应用环境又具有动态性。

第三，分析、设计、开发、实施、评价每个阶段当中又分很多步骤，而每个步骤又有具体的子步骤。

第四，为了取得更好的教学效果，每个阶段的具体步骤结合应用实际，结合其他学习理论和教学理论，可以变更修改。

ADDLE 模型如图 5-4 所示。

（二）ADDLE 模型解析

分析阶段包括确定教学问题，学习需求分析，学习者特征分析（包括起点水平分析、一般特征分析和学习风格分析），学习内容分析，还包括学习环境分析，以及资源和约束条件分析。

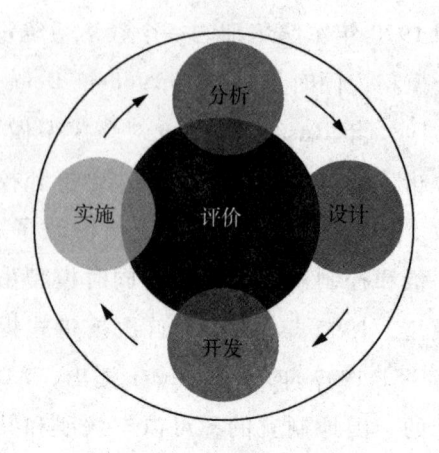

图 5-4 ADDLE 模型

  设计阶段包括确定和撰写教学目标，开发练习题与测试题以及教学策略和教学序列，选择教学媒体。

  在开发阶段，教学设计者和开发人员要将设计阶段的计划和蓝图创建和实施。在这个阶段，设计者要创建故事板和图表，以及教学材料。如果教学过程中有在线学习，开发人员还要采用相应的技术开发学习平台，通过评估和反馈不断地调整、修改相关内容。

  在实施阶段，要为培训教师和学习者开发具体的教学和学习步骤。对于培训教师，包括课程、学习结果、传递策略、测试程序；对于学习者包括培训他们使用新的工具，包括硬件和软件，以及告诉他们如何注册。在这个阶段，教学设计项目管理人员要确保相关的书籍、手持设备、工具、光盘以及软件都已到位，教学管理平台和网络学习平台正常运行。

  评价阶段包括：形成性评价和总结性评价。形成性评价在该模型的各个阶段都会出现，也就是说形成性评价贯穿分析、设计、开发、实施的整个过程。

三 基于 ADDLE 模型的微课程教学设计

微课程的教学设计过程模型总体上也是分为五个阶段，分别是分析、设计、开发、实施、评价，该模型是一个动态的循环结构，确保在实际微课程开发过程当中的灵活性和因地制宜。在实际应用过程中，设计开发者可以从分析阶段着手，也可以从设计阶段开始，如果课程内容很熟练，相关辅助资源和工具已经到位；甚至可以直接从微课程的制作实施阶段开始。下面对基于 ADDLE 模型的微课程教学设计进行详细的阐述。

（一）分析阶段

分析阶段包括四个方面的分析，分别是学习需求分析、学习者特征分析、学习内容分析以及资源和约束条件分析。该阶段和课堂教学设计以及系统层次的教学设计过程几乎是一样的，但在实际的操作过程中各个步骤还是存在着显著差异。

1. 学习需求分析

微课程制作的起点也必须从学习需求分析开始，学习需求是期望和现状之间的差距，当学生的学习现状不能满足和达到学校、教师和学生自身期望的时候，就会产生学习需求。在实际教学过程当中，学习需求一般来源于学生的反应。教师对学生反应信息的收集一般可从以下三个方面进行：一是学生的课堂反应，教师通过观察学生的表情来确定学生对知识的接受和理解程度；二是课堂的提问或练习，如果大多数学生不能正确回答教师提问和随堂练习，学习需求也就产生了；三是课后作业或考试，教师通过对课后作业批改以及试卷分析，可以确定学生哪些知识点没有掌握。

学习需求还可以直接来源于教师的经验，教师对某门课程的把握一般是很透彻的，哪些知识点学生很容易掌握，哪些知识点对学生来说是难点，哪些知识点是课程学习的重点，这些教师一般是比较清楚的，教师可以根据已有的经验来确定学生的学习需求。当然，在实际的教学过程当中，教师也可以通过简单的学生访谈或者问卷调查来确定学生的学习需求。

2. 学习者特征分析

微课程既然是一种学习资源，它的学习对象就是学习者，因此微课程开发之前的学习者特征分析显得非常必要。不管微课程的内容是针对哪种教育层次的，小学的、中学的，抑或是大学的，成人的，这种学习资源总是有一个适合它的学习者群体，因此微课程的教学设计者就需要考虑这样两点：微课程的观众是谁，怎么样保证观众轻松、愉悦地听完和听懂该课程。如果以上两点都考虑到了，微课程的教学效果就会得到最基本的保证。

微课程的学习者特征分析包括：学习者一般特征和起点水平分析，学习者的学习风格分析在这里可以忽略，原因是学习者学习微课程的时间、地点、环境都是学习者自主选择的。学习者一般特征分析在这里主要包括：年龄、认知发展水平、生活经验、经济文化和社会背景。不同年龄的学习者，他们的认知发展水平是不一样的，因此对教学过程、教学语言、教学策略的要求也是不一样的。比如说针对小学生开发的微课程就要尽量简单、生动。如果是录屏式微课程，多媒体课件要形象、生动；如果是录像式微课程，教师的动作应、态度要和蔼可亲，语言也要尽量符合儿童学习的需求。

学习者的生活经验也是微课程制作需要考虑的特征，建构主义学习理论告诉我们：学习者对知识的理解建立在自己的原有经验基础之上，这里原有经验不仅包括已有的知识经验，也包括已有的生活经验。经济文化和社会背景也是学习者一般特征之一，比如不同民族和国家的学习者，对微课程的教学策略也有较大的影响。学习者起点水平是微课程开发过程中必须考虑的学习者重要特征，特别是对中小学学生来说这一点显得更加重要。学习者已经知道了什么，具备了什么样的知识经验，是学习者理解和掌握微课程的重要基础。

3. 学习内容分析

根据学习需求分析的结果，即微课程要讲授的知识点来确定围绕知识点要讲授的学习内容。微课程的学习内容分析主要解决两个问题。

一是确定微课程内容的学习结果类型。罗伯特·加涅将学习结果分为五大类，即言语信息、智力技能、认知策略、态度、动作技能。其中言语信息、认知策略、态度三种学习结果类型不适合用微课程去表达，而智力技能和动作技能这两种学习结果需要较高的认知能力和较复杂的操作步骤，较适合采用微课程的形式去表达和传播。

二是确定学习内容的深度和广度以及各部分内容之间的关系。这一点对微课程的设计和开发尤为重要，在短短的几分钟时间里要讲清楚某个知识点，并达成相应的教学目标，平衡学习内容的广度和深度就显得非常重要。

4. 资源和约束条件分析

在资源和约束条件分析步骤中，微课程教学设计者主要分析以下四方面的内容：时间、人员、工具、辅助资源等。根据学习者和相关部门需求，微课程的制作需要什么时间完成，以便于确定设计、开发、实施与评价所需要的时间。有哪些人员参加微课程的制作和评价工作，如果只是录屏类的微课程在此环节会比较简单，但如果是摄像机录像类的，就需要相关人员配合来完成，包括摄像人员、后期制作人员等。工具和辅助资源在微课程的教学设计过程中是相当重要的，根据前期分析的结果，可以确定微课程的表现形式，不同的表现形式所需要的工具和辅助资源也不一样。比如录屏类的最简单的形式是通过软件录屏，需要录屏软件和录音设备，辅助资源包括已经做好的 PPT 课件。如果是可汗学院式的录屏，需要摄像头、录音设备、手写板等。

（二）设计阶段

设计阶段包括确定教学目标、制定教学策略、安排教学顺序、设计辅助资源、选择确定微课程制作工具五个步骤。

1. 确定教学目标

根据学习需求分析的结果以及学习内容分析的结果，选择适合用微课程呈现的学习内容，把学习内容细化成知识点，针对不同的知识点确定教学目标。对于短短几分钟的微课程，课程一开始直接告诉学习者教学目标是非常重要的。罗伯特·加涅在《教学设计原理》一书中指出：教师不要以为学生知道教学目标，或者让学生猜测教学目标，教师应该非常明确告知学生教学目标。教学目标的重要性不仅让学生的学习有了方向感和归宿感，更可以让教师的整个教学过程不偏离教学目标，从而取得较好的教学效果。在微课程的实际制作过程中，授课教师根据知识点的内容，用一句简单明确的话就可以告诉学生教学目标。

2. 制定教学策略

教学策略按其功能划分，可以分为组织策略、传递策略和管理策略。微课程的教学设计主要关注组织策略和传递策略。组织策略在这里主要表现在根据所选知识点确定如何组织教学内容，关键的是如何用最短的时间配合最佳的教学内容组织从而取得最好的教学效果。传递策略是决定运用何种媒体和手段将知识有效传递给学习者的方法。其实对于微课程的教学设计者来说，主要考虑用那种微课程的表现形式能更好地传递教学信息。比如，录屏这种微课程表现形式比较适合演示操作逻辑推理比较强的知识点，而摄像这种表现形式较适合演讲、解释陈述性比较强的知识点。

3. 安排教学顺序

教学顺序的安排在微课程的制作过程当中是非常重要的，微课程时间短、效率高，教学顺序是微课程整个教学过程的安排，在有限的时间内教师先讲授什么，接着讲什么，如何结尾是教学顺序主要解决的问题。罗伯特·加涅的九个教学事件理论，对微课程的教学顺序安排具有非常重要的指导意义，这九个教学事件包括：引起注意、告知目标、复习旧知、讲授新知、提供指导、组织练习、提供反馈、评定行为表现和增强记忆与促进迁移。这九个环节在实际的微课程制作过程当中并不是缺一不可的，而且顺序也不是一成不变的。但一般说来，引起注意、告知目标、讲授新知、提供指导这四个环节是微课程教学过程中必须具备的。微课程作为一种微型课程，在教学顺序上最后还应该加上课程的结语部分，每一个微课程结束时要有一个简短的总结，概括要点，帮助学习者梳理思路，强调重点和难点。

4. 设计辅助资源

微课程的表现形式不同，需要的辅助资源也不一样。对于各种微课程形式，需要的辅助资源主要有：高质量的PPT课件；根据学习内容分析，以及所采用的教学顺序，设计纸质或电子版的教学过程脚本；有些微课程还需要简单的测试题，这里的测试题形式可以多样化，如需要学生进一步思考的问题，针对知识点的辅助练习题等。

5. 选择确定微课程制作工具

可以支持微课程的制作工具很多，根据不同的表现形式可以选择不同的微课程制作工具，选择和确定微课程视频制作工具可以参考表5-1。

表5-1　　　　　　　微课程制作工具参考表

微课程类型	制作工具	辅助设备	辅助教学资源
电脑屏幕、手写板录制型	录屏软件、写字板	电脑，摄像头，耳机，话筒等录音录像设备	PPT课件，教学过程校本
高清摄像机实景拍摄型	录像机、手机、录播教师的全自动录播系统	电脑，三脚架，领夹麦克，投影设备，操作平台	PPT课件，故事板，教学过程脚本
数字故事型	Powerpoint（2010.2013）	电脑，格式转换软件	PPT课件

从表5-1可以看到，不同的微课程类别所需要的制作工具、辅助设备以及辅助教学资源是不一样的。在具体的制作过程中，可以灵活地选择和确定其中所需要的工具，某一种类型当中也不是所有的制作

工具、辅助设备、辅助教学资源都会用到，比如在用手机录制微课程时，选择的视频制作工具应该包括：手机，操作平台（比如黑板、白纸等），教学过程脚本。

6. 外语微课堂案例

为深入推进外语教学改革，积极推动数字化外语教学资源在教学实践中的广泛应用，探索外语课堂教学的新理念、新模式，搭建外语教师教学经验交流和教学风采展示平台，中国高等教育学会与高等教育出版社联合教育部高等学校大学外语教学指导委员会、教育部高等学校外国语言文学类专业教学指导委员会、中国职业技术教育学会教学工作委员会于2014年8月至2015年3月举办"第一届中国外语微课大赛"。比赛得到了各地教育行政部门、大学外语教学指导委员会、高等院校、职业院校及教师的大力支持与积极响应，各地参赛踊跃，产生了大量优秀作品。笔者于教学期间参与了"中国外语微课大赛"的选拔工作，在准备期间，参与了实习学校诸多微课堂作品的动员、设计、试讲、教研、拍摄、上传投票和评论等全过程，对微课堂的概念、内容、组织有了更深入的了解。本文选用其中一个典型案例进行介绍与分析。

以下是结合笔者的个人微课堂设计作品来介绍微课堂的详细制作模块，作品介绍：本次微课堂的作品名称和主体为：How to guess the meaning of an unknown word，如图5-5所示。要根据学生现阶段的学习需求、教材大纲要求，再按照设计阶段：确定教学目标、制定教学策略、安排教学顺序、设计辅助资源、选择确定微课堂制作工具五个步骤来安排微课堂教学。此微课的教学主要内容如下。

（1）教学理念。

采用"输出驱动—输入促成假说"，通过引发学生回答问题，找出自身的信息差，在真实的语料输入中寻求答案，进行有效的语言输出。采用支架式教学，引导学生利用真实的会话场景进行意义构建，充分发挥学生的能动性和主动性，提高学生的语言技能。

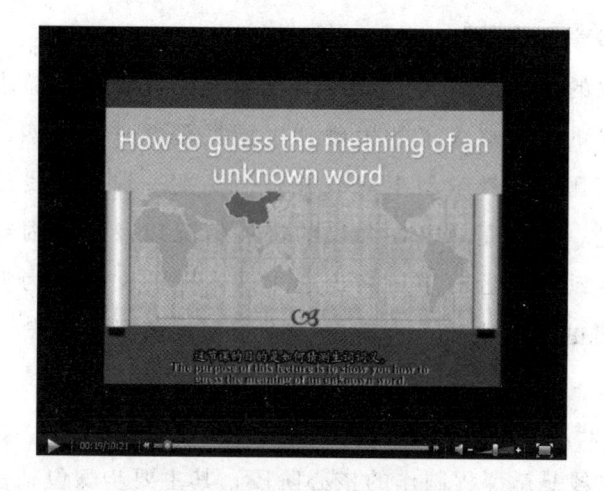

图5-5　微课堂设计作品主题展示

（2）教学背景。

本次微课的教学对象是地方性本科院校大一本科新生，这些学生英语新闻词汇量不大，在听读英语新闻时由于生词而产生畏难情绪和恐惧心理，急需一种方法帮助他们克服这种困惑，从而实现有效的英语输入，为输出做好准备。

（3）教学目标。

①知识目标：能掌握五大猜词技巧，掌握构词法的基本分类及含义，理解篇章信号词的作用，理解主从句的逻辑关系。②能力目标：能够运用五大技巧，从构词层面到背景知识层面推测新词词义。③情感目标：能够培养在听读新闻时的猜词意识。

（4）教学内容及重点难点分析。

①主题导入；②猜词技巧讲解（重点）；③新闻情景创设（难点）；④总结及作业。

（5）教学切入点。

以APEC会议的进展情况及回忆相关内容为切入点。

（6）教学方法。

启发式教学法、任务型教学法、探究式教学法。

（7）教学评价。

本次课的教学特色与创新：①教学内容符合学生需求，高效实用。猜词义的技巧解决了学生碰到生词拦路虎时的困惑，在听和读中都非常实用；②教学叙事双线并行，一主一辅。主线是猜词技巧的层层递进，辅线是 APEC 会议的进展情况以及会议内容；③语料选取新鲜生动，贴近时事。相比选用课本上的文本作为例子，新闻时事的选用更原汁原味、富有魅力；④创设情景，激发学习热情和兴趣。

（三）开发阶段

开发阶段是微课程制作的核心阶段，其主要步骤包括多媒体课件制作、开发课程脚本、
编制测试题、开发微课程。同样，不是所有的微课程在开发阶段都需要这四个步骤。

1. 制作多媒体课件

PPT 课件是国内教学过程中最常用的课件形式，开发微课程之前制作高质量的 PPT 课件是非常重要的一个步骤。PPT 课件也是一种"产品"层次的教学系统设计应用，它的设计和开发也需要包含基本的教学设计理念。高质量的 PPT 课件体现在：课件具有美感，给人一种简单、美观、风格统一、舒适的视觉感受；课件具有较好的逻辑结构，应具备基本封面页、教学目标页、内容页、结束页；课件应具备适当的交互和动画部分（适当的交互和动画可以启发学生思考，PPT 动画转为视频时具有很好的视频效果）和演示具体过程，辅助教师更好地讲授教学内容，确保较好的教学效果。

2. 开发课程脚本

开发课程脚本是所有微课程制作的必备步骤，逻辑清晰的课程脚本是微课程顺利录制的重要保证。对于录屏类、录像类和 PPT 自动播放类的微课程大多数需要多媒体课件的辅助，在开发课程脚本过程中可以参考以下课程脚本结构，如表 5-2 所示。对于不需要课

件辅助的微课程，比如可汗学院式微课程，其课程脚本结构参考表 5-3。

表 5-2　　　　　　　　　　课程脚本结构

幻灯片编号	页面内容描述	配音内容
……	……	……

表 5-3　　　　　　　　　　课程脚本结构

操作过程编号	过程内容描述	配音内容
……	……	……

3. 编制测试题

测试题的编制不是所有微课程制作过程的必要步骤，但是建议微课程教学设计者在微课程中提供必要的思考题、练习题。思考题可以在教学过程中提出来，教师不是直接告诉学生答案，通过启发学生思考，教师运用语言和教学艺术告诉学生答案。练习题可以在课程的最后呈现出来，这里的练习题一般要求与学生面对面的同步课堂结合起来，这样效果更好，比如翻转课堂教学模式的顺利实施就需要此类微课程。

4. 开发微课程

设计以及辅助资源的开发，确保了微课程的顺利录制。在微课程的录制过程中需要注意以下两点。

一是根据不同学习者的特征，教师要使用恰当的语言和措辞，甚至可以是幽默的。特别是对于中小学生，面对一段教学视频，如果听到的是教师冷冰冰的、没有感情和亲和力的讲述，就很难激发学生持续的学习动机。

二是对于操作性知识的讲授，语速适中，操作过程要简单明了，不要有太多琐碎的动作，比如不断转动手中的写字笔，在屏幕上不要乱晃鼠标等；录制视频的环境要安静，不要有噪声。

（四）实施阶段

微课程的实施阶段在实际的教育环境当中可能有以下情境：一是上传至微课程制作者的博客、空间或者优酷等公共服务平台上；二是上传至学校公共的学习资源平台上；三是上传至上一级教育管理部门的学习资源管理平台上。国内微课程刚刚起步，目前为止，还没有一个较大的微课程学习资源公共服务平台，因此前两种上传和传播形式占多数。第一种上传和传播方式的学习者不够集中，但是任何学习者都可以学习和观看，范围比较广。第二种上传和传播模式学习对象集中，学习者的准入机制不够开放，学习者收益面小而窄。第三种模式是一种可以弥补上面两种问题的比较好的方式，像网易公开课、爱课程这样的公共服务平台，可以让更多的学习者从微课程中受益并提高。

（五）评价阶段

微课程的评价包括形成评价和总结性评价两个部分，重点是形成性评价。微课程的形成性评价是指在微课程上传至网络推广使用之前，先在一个小范围内进行试用，目的是发现问题，评价和修改微课程。根据微课程的特点，其形成性评价主要包括三个阶段。第一，自评阶段，微课程开发者本人即教师在录制完微课程之后，先进行自我评价，发现问题，修改完善。第二，专家评价阶段，专家可以包括学科专家、教学设计专家或其他相关领域专家开展评价。这个阶段很重要，根据专家的建议，再次修改微课程。第三，一对一评价阶段，选定3—8个试用对象试用微课程，教师通过学生观看课程的表情，简单访谈，提出修改意见，修改微课程。在这个过程中，3—8个学生不是同时观看微课程，而是学生和教师一对一地观看，试用者逐个进行，确保收集的反馈信息具体全面。形成性评价是一个让微课程臻于完美的一个过程，三个阶段的形成性评价是保证微课程教育性、科学性、技术性、艺术性的重要保证。

三个阶段的形成性评价完成之后，评价并没有结束，可以将微课程上传至公共学习资源平台，让更多的网络学习者评价微课程，吸收接纳学习者的建议，在以后版本更新时再改进提高。

四 微课程教学设计模板

微课程教学设计应该立足于一门课程，教学内容分析是以整体内容分析和分割教学内容为基础的，基于一门课程整体的微课程教学内容分析表模板如表 5-4 所示。微课程详细脚本设计表模板如表 5-5 所示。

表 5-4　　　　　　　微课程整体教学内容分析表

课程名称		
课程描述		
教学目标		
课程关键词		
章名称	节名称	知识点（1个微课对应1个知识点）
第一章	1.1	微课 1—01： 微课 1—02： 微课 1—03：
	1.2	
	1.3	
第二章	2.1	微课 2—01： 微课 2—02： 微课 2—03：
	2.2	
	2.3	
	……	

表 5-5　　　　　　　微课程详细脚本设计表

微课程编号				
序号	分镜画面	内容（旁白）	内容（文字）	时间
1				

续表

微课程编号				
序号	分镜画面	内容（旁白）	内容（文字）	时间
2				
3				
4				
5				
6				

第四节 外语微课堂点播交流构建

一 微课堂点播交流设计方案：行动研究、反思性教学和批判性反思学习紧密结合

在了解了自己专业发展方面存在的问题后，在基于微课堂教师专业发展的条件下主要以行动研究、反思性教学及批判性反思学习为核心，以行动研究及反思性教学的主要研究方法为步骤，包括教师档案夹、教师日志、教师博客、调查问卷、访谈、同伴交流、课堂录音、行动研究、个案研究、批判性反思学习。而我在这些教师专业发展的文献的指引下，渐渐地进入了专业发展的广阔天地。

二 微课堂点播交流实施方案：教师档案夹、课堂录音、调查问卷及反思结合

（一）教师档案夹

Bailey 等人在 *Pursuing Professional Development——the Self as Source* 一书中提出：把教学档案夹作为一个重要的个人发展手段，并列出了可收集在教学档案夹的 13 种材料，笔者依此进行了相关资料的收集、观察及分析，本文仅探讨其中教师的教学观，所教授课程的细节，教

学日记，及参加学术会议的总结材料。

同时笔者认为仅仅是做教学日记还是不够的，假如事后没有进行经常性的回顾与反思，积极探索相关事件的解决方法与教学方法的改进，并形成一定的书面材料供此后的教学参考，教学日记就有可能变成一种形式主义，其作用就无法体现出来。通过参加学术研讨会，我也发现自己通过反思能从同行教师们的经验中更好地提高自己的批判反思能力及教学水平：

（二）批判性反思性学习

Brookfield（2002）指出：教师假如可以实现对教学中的假定和实践提出质疑这个目的时，反思就会成为批判性反思。另一方面，束定芳教授（2005）在谈到理论与实践的关系时也指出：教师应该有相当的理论意识，应当始终关注外语教学理论的发展，应该不断吸取相关理论的合理成分，在相关理论的启发下，或在借鉴他人理论合理成分的基础上，结合所教学生的特点，结合学校的教学条件，探索符合本人、本校（班）和所教学生的教学方法。这实际上也是本研究中批判性反思学习的本质。

（三）课堂录音、调查问卷及其反思

录音是教师研究使用最广泛的收集数据的方式，可以使教师获得大量宝贵、真实、客观的信息。而就课堂录音时发现的问题及时与学生进行沟通，获得学生相关方面的反馈，并进行反思与调整教学方式更为重要。此研究采用了自然调查（naturalistic inquiry）方法［Allwright & Bailey，1991，转引自王玉芳（2005）］，对本班的英语课进行了随堂听课。

在录音之后，认真反复地听，并节选关键部分整理成文学材料，为开展分析做准备，为研究提供数据。同时，针对在分析课堂录音时发现的问题，笔者分别就师生互动、提问策略、教师使用母语等各方面开展调查问卷，进行了分析，以下是课堂提问策略方面进行的问卷调查，以及与学生访谈后形成的反思。

表 5-6　　　　　　　　　课堂提问策略的问卷反馈

评价指标	很好	较好	一般	较差	很差	教师反思
提问目的明确，结合教学内容	12	6	2			有些同学觉得有些问题太简单了，都不太愿意回答。阅读相关文献并反思后，笔者认为在新旧知识的过渡中，应尽可能减少教师和学生知道答案的展示型问题，而加强开放性问题的比例
提问表述简明易懂	10	10	0			根据学生的反馈，在这里的评价不高的原因主要在于学生希望笔者纠正略带有广东口音的普通话
把握时机，适时提问	10	8	2			部分学生提到了在一些问题上笔者并没有完全解释清楚，在学生能够接受之前又进入到下一个问题，思维过于跳跃。此后，在上课时，笔者尽量注意学生的反馈，并据此进行调整
提问后，给学生充分的思考时间	6	11	3			Chaudron 关于"等待时间"，即当教师的问题提出以后和继续追问或者叫另一个学生回答以前，教师停顿的时间的总量的相关理论（转引自王春晖，2002）让我注意避免此类问题。没想到与学生的要求还是有所差距，也许说明了成人学习者更需要时间从更深更广更发散的角度来思考问题
对学生的回答给予恰当的反馈	12	6	2			为了不挫伤学生的积极性，笔者往往不对错误的回答采取暗示反馈的方式，有时会让学生不清楚自己到底答对了没有，但是他们答对问题，还是能得到比较正面的肯定和表扬
提问有启发性，激发学生思维	12	7	1			为了达成旧知识和新知识的过渡，刚开始的提问往往属于展示型问题，但随着学生的理解不断加深，问题会更带有启发性和开放性，以激发他们的创新思维
提问有层次性，兼顾各类学生	10	7	3			了解到学生的想法后，笔者在备课时比原来的内容多加了更有难度的部分，对不同的学生提出了不同的要求，并明确告诉他们可以选择学习最符合自己水平的内容

三 微课堂教学实施案例

现将微课堂"How to guess the meaning of an unknown word"的课堂教学内容、教学方法、师生互动情况和剪辑技巧做如下分析（如表5-7所示）。

表5-7　　　　　　　微课视频制作分析表

时间	教学环节	教学方法	教学描述	
			教师	学生
00:13—00:31	教学主题	启发式教学法	展示主题	看大屏幕
00:31—00:53	教学目标	讲授法		做笔记、思考
00:53—01:31	Lead in	探究式教学法		思考、小组讨论、课堂提问与回答
01:31—09:33	Approach1-Approach5	讲授法、情景法		根据情境与语句特征，思考和猜测单词的正确意思
09:33—09:52	总结	讲授法、合作法		在教师的引导下，总结结论
09:52—10:18	微练习	任务教学法		思考与练习

从表 5-7 可以看到,微课堂 "How to guess the meaning of an unknown word" 教学过程主要分为五个环节,即 "教学目标→导入→情境分析→研究结论展示→微练习"。整节微课堂内容丰富饱满,学生能够在合作探究的过程中获取知识;教师在小组合作探究中引导帮助学生,充分发挥自身的主导作用,师生之间、生生之间互动融洽,课堂效果良好。

第五节 外语微课堂教师专业发展构建

一 外语微课堂教师专业发展交流平台案例

微课堂 "How to guess the meaning of an unknown word" 自上传网络之后,不仅得到专家的评价和意见,而且收到投票和网络评论等回复与交流,如图 5-6 所示。

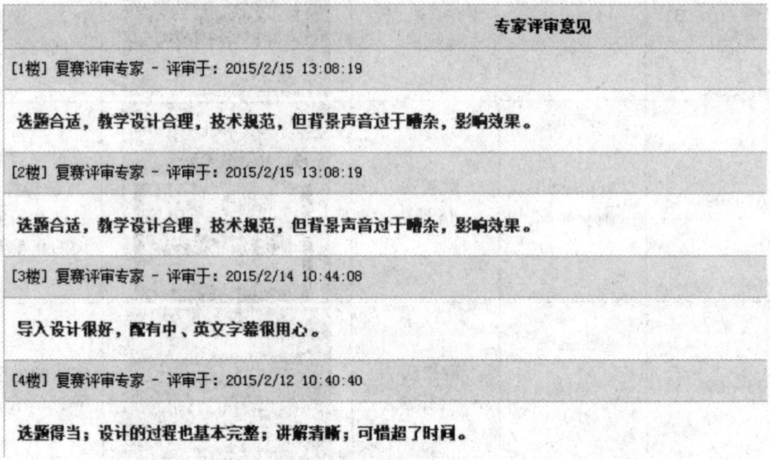

专家评审意见

[1楼] 复赛评审专家 - 评审于:2015/2/15 13:08:19
选题合适,教学设计合理,技术规范,但背景声音过于嘈杂,影响效果。

[2楼] 复赛评审专家 - 评审于:2015/2/15 13:08:19
选题合适,教学设计合理,技术规范,但背景声音过于嘈杂,影响效果。

[3楼] 复赛评审专家 - 评审于:2015/2/14 10:44:08
导入设计很好,配有中、英文字幕很用心。

[4楼] 复赛评审专家 - 评审于:2015/2/12 10:40:40
选题得当;设计的过程也基本完整;讲解清晰;可惜超了时间。

图 5-6 微课堂专家评价意见示例

如何能够适应微时代的变化,着眼于自我教学改进,进行多番"施教—改进",得到更多的锻炼,促进了自身的专业发展,如图 5-7

所示。

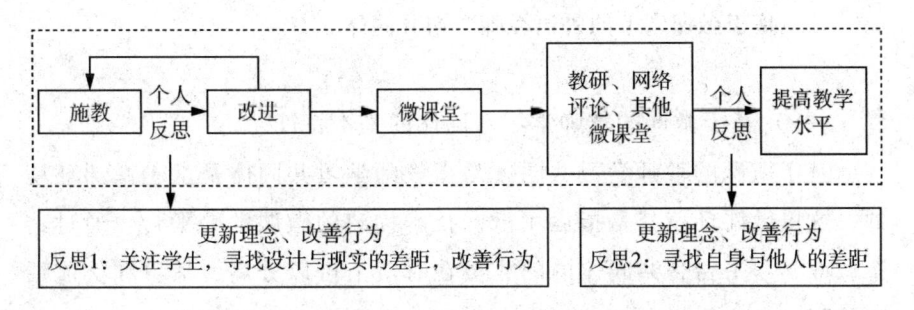

```
施教 → 个人反思 → 改进 → 微课堂 → 教研、网络评论、其他微课堂 → 个人反思 → 提高教学水平
```

更新理念、改善行为
反思1：关注学生，寻找设计与现实的差距，改善行为

更新理念、改善行为
反思2：寻找自身与他人的差距

图 5-7 着眼于"自我教学改进"的微课堂示意

  一方面，在多次"施教—改进"微课堂过程中，通过每次施教后的反思，改进教学设计方案，学会关注学生，从学生的认识规律出发，尝试将课堂还给学生，通过"学生预习、发现问题—学生探究、小组学习—学生汇报—教师纠正补充、总结评价"这样先学后教的方式进行教学，培养学生的自学能力。外语教师不断发现教学设计与实际课堂存在的差距，改善教学行为，使中职学生愿意学习，克服中职课堂教学中的弊端，明显提高了教学水平。另一方面，微课堂"How to guess the meaning of an unknown word"的教研组评价和网络评价给教师提供了改进意见。教师能够通过他人的评价分析教学行为和学生行为，进行反思，并且观摩他人的微课堂，借鉴其他教师的实物投影学生操作和小组自评，并在校级公开课中尝试改进，优化教与学方式，得到众多教师好评，获得更大的发展。教研组评价对笔者的帮助很大，同时网上他人从不同的角度给以笔者评价，其他教师的微课堂也启发了笔者，事实证明，笔者改进获得更为显著的教学效果。笔者认为自己在微课堂制作评审期间，经过多番的教学改进，在教学理念、教学设计、教学技能上都获得很大的提升，微课堂使笔者获得了成长。

二 基于微课堂下的外语教师学习共同体

（一）基于微课的教师学习共同体的基本特征

基于微课的教师学习共同体是指教师学习共同体是基于微课环境的，这里微课环境就是指运用微课技术构建的微课学习平台。通过这个微课学习平台，共同体内的成员在时空上可以分离，学习和交流活动都可以在这个微课学习平台上展开，形式既可以是同步的交流，也可以是异步的沟通。

1. 给予成员归属感与安全感

学习者在虚拟的微课环境下进行学习，由于不能和其他学习者进行面对面的相互交流，缺少了情感的相互感染，学习者容易产生情感上的孤寂，同时也会不同程度地削弱学习者的学习兴趣，影响学习效果。通过基于微课的教师学习共同体可以有效地改变这种微课学习环境带来的负面状态。

基于微课的教师学习共同体能够给予成员一种归属感。在教师学习共同体中，各成员会时刻感受到自己是属于这个团体的一员，会时刻与共同体中其他成员一起共同学习、共同活动、共同解决问题和完成任务。共同体内的成员之间都有着友好并且相互依赖的情感，各成员在通过微课进行学习的过程当中，会不断地相互赏识、相互认可。

基于微课的教师学习共同体能够给予成员一种安全感。在教师学习共同体中，成员们互相尊重、互相信任，每个成员心理上将会得到一种安全感。这种安全感来源于每个成员对团体中其他成员的信心和相互间的依存。

2. 能够形成良性的文化氛围

基于微课并有着凝聚力的教师学习共同体能够形成一种健康积极的文化氛围。每个团体都具有与自身团体性质相关的文化价值体系，这种文化价值体系是成员间相互了解、相互信任、相互理解和互为归属的价值基础，是保证一个团体的形成并最终获得成功的保障。在教师学习共同体中，成员们有着共同的学习目标、共同的愿景，有着相近或类似的价值观，共同遵守着相同的规则。这种文化价值取向是整个教师学习共同体的黏合剂和催化剂，它影响着学习共同体中的每个成员，对每个成员起着凝聚和渲染的作用。在现实生活中，大部分人都有着一种趋同心理，希望自己的观念与多数人的观念是一致的，否则很容易让自己感到孤独和失落。

在基于微课的教师学习共同体中每个成员除了要遵守实体性的规则，还应遵守使用微课所必须遵守的准则和规范。文化规范和微课准则一方面规范着每个共同体成员的具体行为，另一方面为每个共同体成员提供了可以评价自我的原则和标准。在共同体成员进行活动的过程当中，每个成员依据共同体的文化规范和微课准则，对自己的行为中不符合文化规范和微课准则的部分进行必要的调整和改善，从而使这种文化价值观内化为成员自身的文化价值观。

3. 有着良好的交互性

基于微课的教师学习共同体让成员与成员之间、成员与环境之间产生不断的交互过程。这种建立在微课学习环境基础上的交互更加有利于成员学习的开展，这种交互可以有效地促进成员之间的信息交流，让每个成员都能相互共享各自的经验和智慧，了解关于同一事物的不同信息，体会看待同一问题的不同观点，掌握解决同一问题的不同的方法，促使每个成员进行反思、探讨，进而促进每个成员自身认知能力的提升。因为这种在共同体中开放、自由的意见、看法、主张以及情感的交流，促使教师学习共同体能够不断地进步、不断地成长、不断地充满活力。

在基于微课的这种学习环境中，交互还包括了成员与各种工具之间的交互，通过使用这些工具来存取各种学习的知识，沟通成员间各种信息的联系。这种共同体成员与学习工具之间的交互包括成员与学习工具、软件以及学习用资源库之间的双向交互以及成员相互间学习资源的交互。

4. 其最根本的目的就是学习

基于微课的教师学习共同体其最根本、最主要的目的就是促进共同体中的每个教师更好和更高效地学习，通过这种新型的学习方式提升教师自身的专业素养。这种学习共同体的本质就是一种基于微课的特殊学习环境，设计和构建这种学习共同体要充分考虑到如何更好地为学习服务。通过构建的学习共同体让每个成员能找到信任感和归属感，共同承担相互间的责任和义务，共同分享知识，相互合作，共享资源，共同体验成功的快乐。总而言之，学习就是共同体中每个成员的共同目的。

5. 其最主要的沟通媒介就是微课

基于微课的教师学习共同体最为关键的沟通媒介就是微课。在微课为沟通媒介的形式上，让信息的储存、分享和相互交流之间维持了一定的可持续增长性，并且，打破原先以时间和空间才能让学习者相互学习和分享的框架，促进了学习者之间的交往，使得教师们具备了灵便的无界限沟通。在微课的信息中，信息不存在单一性，所以，它可以使共同体中的学习者之间在同一时间段内与多个学习者相互交流，使通过微课进行交流的信息能不断地完善和循环再利用。在微课的环境中，学习者对PC和微课的主导性操作取决于成员对信息主动获取和共享的积极性，所以，每个学习者都是信息交流的主体部分，并不会影响信息的相互性。

（二）基于微课的教师学习共同体的价值呈现

总结我国教师专业发展的渠道主要分为专家讲座和培训两种模式，专家讲座模式是聘请国内外学术水平较显著的研究专家对前沿的信息技术进行传播，主要是讲述如何在教学过程中进行运用，并逐步形成教师自身的教学观念。专家讲座的开展范围和规模相对来说较小，大多数教师并没有参与技能教学讲座的机会，或者即使有教师参与进来，但是由于诸多因素的限制并没有将其应用到教学过程中。培训一般是指由学校或者教育部门组织的由优秀教师或专家对教师进行教学理论、技术类的教学方法传播等，旨在丰富和提升教师的教学质量。在上述两种专业发展模式中都存在一定的弊端，无论是微课培训还是专家培训，都是以提升整体培训效益和规模为主要目的，且是单向传递，缺乏培训主体与对象之间的互动性，往往忽视了培训对象对教育技术、方法的接受情况。这就与培训的宗旨目标相背离，缺乏实践性和有效性，更无法得到可持续的学习支持。

而基于微课的教师学习共同体，将微课作为教师和学者们的沟通平台，通过网络的信息共享、储存和交互性来实现双向的专业学习，学习资源可以得到充分的利用、完善和再使用。其次，基于微课的教师学习共同体弥补了传统学习共同体的地点和时间限制性，教师随时可以通过微课网络平台与多个对象进行交流和沟通，并且消除了由于教师的不熟知而带来的拘束和紧张感，使教师可以自由地、主动地发表教学见解，有效地激发了教师的学习兴趣。基于微课的教师学习共同体对于教师的专业发展具有显著的促进效果，其中主要体现在以下方面。首先，基于微课的教师学习共同体为教师教学经验的积累和实践能力的提升提供便捷、高效的学习平台。其次，基于微课的教师学习共同体拉近了不同地域教师间的学习关系，实现了校际联盟和城乡互补等，有力凸显了基于微课的教师学习共同体的实践价值。再次，基于微课的教师学习共同体为教师的教学资源和学习信息提供了宝贵的知识库，尤其体现在一些典型微课程中所传授的经验和教学方法，对教师的专业发展水平的提升具有无法比拟的促进作用。

三　外语教师教学反思的内容

外语教师教学反思的内容具体体现为对教师信念、教学过程、教学情境和对学生的反思。

1. 对教师信念的反思

所谓教师信念指的是教师经过长期积累并贯彻到课堂的关于教与学的信息、态度、价值、期望、理论和假想（严明，2008）。在教育实践活动中，教师信念与教师的认知活动过程交织在一起。外语教师作为教学反思的主体，在教学情境中对外显知识的理解和内化，对内隐实囊知识的自主建构的过程中形成自己的教师信念体系。该体系具有系统性、动态性和发展性的特征，需要教师不断地通过教学反思使其趋于合理化，从而指导课堂教学实践，成为课堂实践的源泉。

外语教师信念体系可概括为：关于英语教师专业化的信念，关于教师角色的信念，关于高职工学结合教育模式的信念，关于英语工具性的信念，关于应用英语课程的信念，关于项目式教学的信念，关于实践教学的信念等。它们组成了外语教师信念系统，为外语教师的专业化发展提供了源泉。

2. 对教学过程的反思

高职课程是基于行动导向的课程，根据学生将来就业岗位能力需求所确定的典型工作任务构成了高职学生学习的项目，构成了高职学生学习和教师教学的课程和单元，"工学结合"不仅是学生学习的方式，也是教育教学的组织形式。教学的过程也必然是以完成项目任务为主要内容。对教学过程的反思可以是"对行动的反思"，也可以是"行动中的反思"。

对教学过程的反思主要体现在对课程和单元目标的设计上，这属于肖恩的"对行动的反思"，包括教学实践前的计划和教学实践后对教学目标实现情况的反思。对于反思型外语教师来说，在把握高职教育目标和专业培养目标的前提下，课程教学设计和单元教学设计是我们经常反思的内容。这包括课程教学目标、单元教学目标和课堂教学目标的设计、内容的选择、实施策略、评价方式等。教学过程反思还包括对教学效果的评价，通过反思评估教学过程是否达到了教学目标，如知识与技能目标、过程与方法目标、情感态度与价值目标等。教学反思的目的就是要不断反思和修正课程和单元目标设计，以达到教学设计的合理性，实现教学效果和教学目标的一致。

3. 对教学情境的反思

姜大源（2006）先生指出，高职课程内容应置于由实践情境建构的以过程逻辑为中心的框架——行动体系之中，它是以获得自我构建的主观知识——过程性知识即经验为目标的。高职教育对象的智力类型主要具有形象思维的特点，对知识的选择有明确指向性，善于获取经验和策略的过程性知识，而这类知识的习得更是与具体情境紧密相关的。教学应以情境教学为主，高职学生只有在工作情境中对已有的理论知识和实践经验，通过哲学工具——反思性思维使其内化，才能转化为个体的能力，即一种经由"获取—内化—实践—反思—新的获取"的过程而形成的本领。因此，外语教师应注重教学情境的开发与建设，包括教室、实验室和实习基地的建设，以及临时的教学情境的创设，为学生提供一个仿真的学习环境，从"硬件"上为"工学结合"提供条件。教学内容是否置于恰当的教学情境关系到学生的能力能否得到有效的发展。所以，对教学情境的反思也是高职教师进行教学反思的重要内容。

4. 对学生的反思

学生是教学活动的主体，也是教学所要服务的对象，在反思性教学中理应受到重视。有效的反思必须考虑学生因素，包括学生身心发展的规律、学生的学习动机以及学生对学习的准备程度等因素。高职学生具有长于形象思维而短于逻辑思维的特点，因此他们对过程性或程序性知识接受能力强，而对学科性知识接受能力稍差，外语教师也应该注意到高职学生与学术性本科学生的差异，在教学过程中把握好理论教学和实践教学的度，以便最大限度地促进学生能力的全面发展。教师进行反思性教学时只有注重分析学生的特点，才能确保反思性教学的有效实施。

四　外语教师教学反思的过程

赵明仁（2010）把教学反思的基本过程归纳为：识别问题—描述情境—诠释与分析—行动。外语教师的教育对象、人才培养模式、教学环境等有它自己的独特性，但实施反思性教学的一般程序也可以分为以下几个类似的阶段。

1. 在行动中观察——发现问题

当教师面对困惑的、麻烦的或是有趣的现象时可能会产生三种反应，一是采取逃避的策略，不理会这些现象而去做其他的事情；二是可能会沉迷于想入非非中；三是下定决心真诚地面对这些现象。这第三种反应便属于反思性思维（王俊英、张志泉，2010）。所以说反思性教学是"问题"导向的，反思的起点是发现问题。当教学的效果没有达到或超出预期的效果时，就会引起教师的困惑和惊奇，从而刺激反思性思维的发生。

外语教师在教学过程中常常会遇到一些问题，如：教学目标设计不能在真实的教学情境中得到有效的执行；教学情境资源因在教学设计中没有得到充分的考虑而没有被充分开发和利用；教师已有的关于英语语言教学和职业技术教育的知识和经验，在具体的教学中并不实用，解决不了教学中的问题；英语语言知识和其他专业知识（如国际商务）的讲授和训练的比重问题；理论和实践的比例问题；等等。这些问题一旦在教学中给教师造成困惑，便会激励反思型教师针对问题进行反思。

2. 描述问题情境——明确问题

教学中的问题引起教师的困惑，使教师的思维处于一种迷茫甚至混乱的状态。此时，虽然已有了探究的方向，但需要解决的问题尚不清晰，需要进一步明确问题，才能展开相应的研究。明确问题的方法是对问题情境做详细的描述，使自己的经验尽可能全面地呈现在自己眼前，使真正的问题得到聚焦，这实际上是教师利用其本人对教学情境的深入认识来明晰问题的过程。

3. 动用已有知识和经验——理解问题

善于反思的外语教师往往在明确问题之后，以问题为中心，分析收集来的资料，达到理解问题，形成问题的表征。他会在已有的知识中搜寻与当前问题相似或相关的信息，根据已掌握的英语教学知识和职业技术教育理论知识及个人实践经验，或与同事讨论，进行综合对比分析，搞清问题存在的原因，总结经验，批判性地审视自己教学中所使用的理论和方法，形成新思想和新策略，设计出可能解决这一问题的教学方案。

4. 提出理论假设，验证假设——行动研究

教师在理解了问题后，形成了新的理论和行动策略以及不同的期望，此时应该积极地行动起来，建立理论假设，设计假设验证方案，并通过教学实践验证假设，如果出现了所期望的结果，则使新理论得到了验证和加强，反之，如果产生的结果与所期望的不一致，则会产生新的疑惑，激发教师进一步的反思，开始新一轮行动研究循环。

从以上反思性教学的基本程序来看，教学反思使教师成为一名名副其实的研究者，反思的过程既是教师行动研究的过程，也是教师建构个人实践知识，推动教师专业化发展的重要途径。

五 外语教师教学反思的方法

大教育家孔子说："吾日三省吾身。"作为教师也要善于反思。每位教师都会有类似的教学经历：在教学前，当教案初成时，往往难以发现问题；在教学中，疏漏之处显而易见。任何一名优秀的教师，都会经历有瑕疵的教学，所以教师必须对自己的课堂教学进行自我反思。

（一）教学反思的层面

教学反思可以贯穿教育教学中的多个层面，有教学实践中的反思，

有理论学习的反思，也有同伴之间相互借鉴时的反思。

1. 在教学实践中自我反思

教师在每一堂课结束后，要认真地进行自我反思，思考哪些教学设计取得了预期的效果，哪些精彩片断值得仔细咀嚼，哪些突发问题让自己措手不及，哪些环节的掌握有待今后改进等。同时，认真进行反思记载，主要记录三点。

（1）总结成功的经验。每堂课总有成功之处，教师要做教学的有心人，坚持把这种成功之处记录下来并长期积累，教学经验自然日益丰富，有助于教师形成自己的教学风格。

（2）查找失败的原因。无论课堂的设计如何完善，教学实践多么成功，也不可能十全十美，难免有疏漏之处，甚至出现知识性错误等。课后要静下心来，认真反思，仔细分析，查找根源，寻求对策，以免重犯，使教学日臻完善。

（3）记录学生的情况。教师要善于观察和捕捉学生的反馈信息，把学生在学习中遇到的困难和普遍存在的问题记录下来，以便于有针对性地改进教学。同时，学生在课堂上发表的独到见解，常可拓宽教师的教学思路，教师及时记录在案，师生相互学习，可以实现教学相长。

2. 在理论学习中自我反思

教师要坚持学习和研究先进的教育教学理论，并主动自觉地运用理论反思自己的教学实践、指导自己的教学活动，在学习中深刻反思、认真消化并付诸实践。先进的理论往往能让我们感觉到"山重水复疑无路，柳暗花明又一村"，使我们的教学进入新的境界。没有深厚的理论素养和丰富的知识储存，是不能登堂入室、达到高屋建瓴的教学境界的。苏霍姆林斯基是这样要求他的教师的："读书，每天不间断地读书。""不断补充其知识的大海。"他认为，这样，"衬托学校教科书的背景就宽了"，在理论学习中自我反思，就比较容易把所学理论内化为自己的教学思想。

3. 在相互借鉴中自我反思

教师之间多开展相互听课、观摩活动，不但可以避免闭目塞听、孤芳自赏而成为"井底之蛙"，而且能够使我们站在"巨人的肩膀"上高瞻远瞩。只要有可能，不要放过听课的机会，不要放过一些细节。除了要争取多观摩别人的课堂教学，还要研究特级教师、优秀教师的课堂实录，从课堂结构、教学方法、语言表达、板书设计、学生情况、教学效果等方面，客观、公正地评价其得失。教师对所听的和观摩的每一堂课都要研究、思考、探讨，并用以反思自己的教学，进行扬弃、集优、储存，从而走向创新。

（二）教学反思的常见形式和方法

教学反思的常见形式包括自我内省和集体协作反思两种。内省是教师个体重新思考教学固有观念的过程，内省可以使英语教师独立思考关于如何学、如何教及师生之间如何互动等一系列问题，有助于培养英语教师独立思考的能力，最终寻求创造性解决问题的办法。集体协作反思是以集体为单位建立的一个综合的、有机的反思体系，集体合作反思往往能从不同的角度把问题研究得更加透彻。教学反思可采用多种方式。

1. 反思日志（reflective journal）

反思日记是教师课堂教学自我反馈的一种好形式，是重点教学经验的记录，包括教学日志和学习日志。教学日志是教师对当堂或当天语言教学具体的教学问题的亲身感受和体会与反馈，它促使教师对富有意义的教学问题做深入思考，从而对自己的课堂教学行为、效果、动机等产生新的见解。学习日记可以是教师对自己专业知识的补充记录，也可以是学生对某一堂课、某一篇课文或某一单元的学习心得。教师的反思水平和反思程度是有差异的，因此，写好反思日记，培养教师反思的习惯，训练教师反思的能力，也是十分必要的。外语教师可以采用集体备课、集体评课的办法来加强反思语言的交流，提高反思意识和反思水平。另外，写反思日志贵在坚持，只有持之以恒地写反思日志，才能为教师反思性教学提供最直接的第一手材料。

2. 同伴观察（peer observation）

写教学日志往往只能记录靠自己观察所获得的信息，有时限于教师个人的反思水平和关注角度，对自己教学的记录难免会有所疏漏，需要其他教师参与观察，并通过课后的交流，直接获取本人无法靠自己感受获得的信息。

同伴观察（教学观摩）指以教师相互听课为主要形式来观察和分析同事的教学活动。教师以自愿原则相互观摩彼此的课堂教学并描述他们所观察的情景，课后交换所获得的信息。这种以自愿为基础的与他人合作交换听课的活动旨在帮助对方收集对他们有用但自己却难以收集到的信息，而这些信息是自我反思体验的基础。这种听课活动既能提高教师的外语教学能力，又有助于他们走上科研之路，还能加强教师之间的理解和认同，给他们带来职业的愉快和满足。

3. 个案分析（case study）

教师可以通过参加教学竞赛，说课比赛，听公开课、优秀教师示范课等活动进行个案分析，取其精华，充实和改进教学，在反思他人的教学中，促进自身教学的发展。

4. 行动研究（action research）

行动研究具有反思性。西方学者卡尔（W. Carr）与凯米斯（S. Keminis）（1986）指出："行动研究只不过是社会实践者为提高自己实践的合理性与正当性，增进对实践及其得以进行的情境的理解而采取的自我反思探究的一种形式。"利用行动研究进行反思性教学，要求教师对他们在课堂上所遇到的问题进行调查研究，建立假说，解决问题。行动研究强调理论联系实际，以课堂教学中收集的第一手材料为研究对象，研究结果直接用来指导教学。行动研究还使教师成为课程设置与开发的主体，提高教师自我发展的自觉性，成为促进教师专业发展的不竭动力。行动研究是培养研究型教师的重要途径，通过理论与实践相联系，教师发展成为教学实践的研究者和探索者，而不仅仅是知识的传递者。

5. 微格教学（microteaching）

微格教学指教师用摄像机将自己选定作为反思对象的某个教学方面或过程完整地记录下来，之后以一种旁观者的角色来观看和分析这种实录，寻找解决问题的对策。微格教学使教师能重新听到和看到自己在教学中的行为具有哪些明显的特点，还可以与他人一起对话交流，共同探讨。当然，教师也可以根据自己要反思的问题，摄下同事或其他教师的相关教学片段，进行观察和分析，从中寻找启示和灵感，反思自己的教学。

6. 学生反馈（students' feedback）

学生反馈是从学生身上获取信息以作为调控教学的依据，是教师对学生学习状况的了解。在外语教学中，教师获取学生反馈的有效途径有师生座谈、学生评教、教师分析学生练习和测试成绩（项目汇报）、设计学生问卷调查、开展同行间的交流等，通过学生反馈，教师反思自己的教师角色、教师话语、教学方法以及教师专业水平等。通过学生反馈，教师分析相关的数据，可获得更多、更明确的信息。在外语教学中，利用学生反馈进行反思教学能够极大地促进教师的自我提高，优化课堂管理，融洽师生关系，促进学生自主学习，有助于英语教学质量的提高。

7. 合作研究（cooperative research）

教学反思可以由教师个人单独进行，但如能形成一个反思型教师团队，对教学中的典型的疑难问题展开合作研究，则能发挥团队成员各自的长处，形成研究合力，提高团队整体教学反思的水平和行动研究水平，促进教师专业共同发展。上述六种教学反思方法如能在一个团队里得到应用，无疑会起到有力的增效作用。

除了以上几种教学方法，教师还可以采取如下几种方法增加自己反思的途径。

1. 专家听课（expert's inspection）

请有丰富教学经验的离退休教师组成的教学督导小组或者是同一教学领域里业务过硬的专家听课指导，或聘请国内外的知名学者对全体英语教师进行全程听课，对教学中存在的问题给予分析和评价，帮助教师提高反思能力。

2. 教师评价（peer's assessment）

教师评价与听课相似，焦点不再是教学对与错的问题，不再只将评价作为考核的手段，而是关注整个教学过程中的教师行为，通过观察、分析、评价、改进、实践的循环过程，帮助教师提高教学水平，以利于其将来的发展。对外语教师的评价应综合人际关系、跨文化交际能力、英语语言能力、语言教学、职业意识等，通过对外语教师这些方面素质的评价及相应改进措施的提出，构建一个促进外语教师专业知识发展、教学技能增长的良好平台。

3. 学术研讨会（seminar）

这是学校利用反思的方法支持、促进教师发展的一种方式。不同学校的教师在研讨会上提出自己教学中的问题，然后共同讨论解决办法，最终形成的解决办法为所有与会的教师共享。

外语教师开展反思性教学的途径还有很多，教师可以根据各自所处的环境和教学科研条件，选取恰当的反思方法和策略，让教学反思成为推动自身专业发展的强劲动力。

职业教育作为一种富有职业教育根本属性的教育类型，有着不同于普通教育的类型特征。高职教育改革正在打破传统，探索具有职业技术特色的教育理论和实践方法，培养适应职业技术教育的高等职业技术教育专家型教师。作为高职教师队伍的重要一员，外语教师在改革中也必然要突破固有的教学理论和已有的教学经验，不再墨守成规，要充分发挥教师的自主性，在教学实践中发现新问题，解决新问题，发展个人实践理论，提高教学效率，推动英语教师专业能力发展。在此过程中，反思性教学无疑为外语教学改革提供了一种新的思路。

反思性教学为外语教师提供了一个将理论知识与教学实践相结合的平台，它开辟了提高教学质量的新途径。

第一，反思性教学使教师的自主性和创造性得到了发挥。反思性教学过程是教师对各教学环节不断审视、调节、整合和完善的过程。反思性教学使教师在实践中走向专业发展的成熟期，他们的实践与教学经验受到了应有的关注，自我教学经验成为教师获取教学知识的主要来源，反思性教学使教师的发展更具有自主性，更有利于教学创新。

第二，反思性教学拓展了有关教师专业化知识的境界。反思性教学使教师不仅能获取教育研究者所提供的客观的、普遍适用的科学知识，还成为知识的生产者。反思性教学使教师的发展与问题研究真正结合起来，使教学活动和研究活动融为一体，在教学中发展教师个人实践理论，成为新教育教学理论的创造者。反思性教学是教师专业发展持续进行的基础。在教育教学改革中，反思性教学可以说是实现教学创新的法宝，它开创了教师专业发展的新格局。

第三，反思性教学给教师提供了终身学习的动力。反思性教学是基于岗位、基于学校、基于具体情境的一种重视教学实践、与解决现实问题密切相连的教师专业发展的崭新模式。反思性教学要求教师在教育教学中形成自我的专业认识和理论以及操作策略，通过教师对自我教学实践经验的反思，对问题展开行动研究，不仅回忆、思考、评价教学经验获得的活动过程，还不断地探寻新的理论、方法，调整教学设计，适应教学目标需求。教学反思是一个为达到教学实践合理性而进行的永无止境的探索活动，这意味着教师必须终身保持高度的职业热情和永不停止的学习和探究的精神。

第四，外语教师实施反思性教学能促进教师之间的交流互动和校企合作能力。一方面，个体反思需要群体的支持，教学反思并不是孤立的个体的活动，而是互相关联的个体在群体中寻求自我发展的一种方式。离开了群体的支持，教师个体的反思会受到局限。因此，合作研究是教学反思的重要形式，教师在与同事的交流互动中获得鼓励，受到启迪,增强反思效果,加快教师的专业发展。另一方面,由于教育采取的是"工学结合"的人才培养模式,因此,校企合作能力也是外语教师素质要求的重要方面,教学反思不能局限于课堂教学和实训室的教学,应把反思的眼界投向更为广阔的社会,特别是相关行业的公司和企业,通过加强与公司和企业的交流互动提高自己的教学目的和教学过程合理性。

六 微课堂总结

（一）微课堂利于转变教师的教学观念,唤醒教师主体意识

教师的教学观念是在教学环境和发展背景下教师对教育现象、教学能力和学生主体等方面所形成的主观认识,教师在受到主观认识和思想理念的影响下会做出相应的判断,产生与之相适应的一系列教学行为。教师的教学观念形成与完善始终离不开教学实践过程,微课堂从课件制作到评价讨论都离不开反复的实践,首先教师通过查找资料、书籍,和同伴讨论和合作,在经过"试教—教研—改进—试教"的方式下,教师的教学观念也会反复受到验证和影响,使教师对自身的教学观念进行重新审视,进而形成利于科学的教学观和学习观。

实践是形成教学观念的根源和动力,教师通过微课堂的平台,经过反复的试讲、听评、反思和改善自身的教学活动,不断地发现教学理念中存在的问题,摒弃存在的陈旧教学思想,以学生作为教学主体,从学生的认知规律和发展特点出发创设课堂活动,为学生提供良好的学习氛围,促进和激发学生自主学习的能力。在教学过程中重视学生的个性发展,培养学生之间形成团结友爱、合作交流和独立自主解决问题的能力。实践证明,教师在经过微课堂教学之后,不仅可以获得相应的微课制作技术,还可以从拓展型微课堂中获得先进的教学理念与观点,微课堂作为一种新型的教学载体充分发挥了其教学观念的传播作用,因此微课堂的制作、观摩、施教、学习和研讨等一系列环节

实际上也是教师教学理念的形成过程。

（二）微课堂有利于充分体现教学理念，是理念联系实践的有效路径

微课堂中所呈现出的情景模式是课堂教学过程的再现和重构，有利于教师和学生重新认识到教学课堂中的表现，是教学理论联系实际过程的整体构现，是联系二者之间的纽带。教师通过观摩微课堂视频，利用自己的教学理念来评价微课堂中的教学目标、内容和方法，分析课堂中的优点和不足，进一步反思自身的教学行为，将理论联系实际，充分思考解决教学情境的能力。由此可见，执教者利用多种教学方法（探究式、合作式、情境式）将教育理论融合到实践过程中，实现二者的融洽配合，再经过进一步的反思和讨论，重构理论联系实际的和谐教学知识，塑造自身的教育风格。

（三）微课堂有利于提高教师的实践反思能力，促进经验性知识向专业性知识的转化

微设计与微反思是构成微课堂的特色结构，微设计对教师的教学思想、认知能力提出了新的要求，微反思指的是教师对微课堂进行简明扼要的总结和评价，主要包含微课的结构设计、教师自评、同行的评价和学生的反馈情况等。教师在授课之后对整体的课堂活动进行回顾，并记录自己的具体教学环节，整理同行、学生给予的评价，进一步反思和探索教学活动中存在的问题，并找到合适的解决方法，从而形成丰富的经验型知识。其他教师通过对微课堂的观摩、学习和反思，逐渐内化为适合自身的实践性教学智慧，教师同行之间通过微课堂这一媒介使得彼此的教学经验、教学方法和手段得到转化和完善。另外，同行教师给予的评价和意见具有针对性、有效性，将微课堂的反思意见以文字的形式呈现出来，有利于教师将经验性教学知识逐步转化为专业性知识，提高教师的专业发展水平。

（四）网络相互交流研讨，提高听评课实效

在评价过程中，微课程教学采用多元化、多层次的人群交互平等

评价模式，其中包含了家长、师生、教育研究者、管理者和各界社会人士。在涵盖了以上评价为主体的微课堂网络平台上，师生和家长会从各个方面来关注教师的动向，以便教师能站在不同的角度来分析自己的教学理论，从而提高教学水平。同时，微课堂与45分钟教学录像又有所不同，它能更加深刻、更加集中地反映教学的难点。并且，与传统的听评课相比而言，能一针见血地突出教学重点。所以，微课堂能及时为您解决课堂教学中存在的实际问题，也能更加有效地改进一般课堂中的教学问题。

第六节　微课程下外语教师专业提升优势

一　技术支持优势

微课堂兴起伊始就受到广泛认同与应用，这在于它自身的技术优势。技术广泛的网络操作技术为外语教师制作微课堂提供了丰富的实现手段，如HTML语言，网页制作、发布等网页制作相关技术，提供便捷的内容调用功能，内容丰富的站点首页和分类页面，也可分享个人的教学日志、博客、心得。

二　空间相对分散——教师交流、反思平台

教师发展一直是高教学质量的重要保证。我国著名教育学家叶澜说过：没有教师的生命质量的提升，就很难有高的教育质量；没有教师精神的解放，就很难有学生精神的解放；没有教师的主动发展，就很难有学生的主动发展；没有教师的教育创造，就很难有学生的创造精神。

可是，美国学者伯瑞克豪夫（Brinkerhoff）和吉尔（Gill）对成人学校的相关研究报告进行的分析结果表明：成人90%的新学习是通过

在工作中的自我发起（self-initiated）学习活动来实现的，而不是通过在工作场所之外的有计划、有组织的培训活动。面对年复一年、名目繁多、无休止的各类培训，广大教师感到自己是被动地、无可奈何地参与培训活动，已经产生了厌烦和反感情绪。而如果不参与培训，教师又相对孤独，缺乏适当的交流而限制了其成长。

其实，由于教师的自身素质及其面临的社会压力，其主体发展意识一直都有，只是采取的方式过于僵硬，很难保证培训的质量和效果。微课为教师专业发展提供了新方式，由于它的易用性、开放性及交互性，为空间相对分散的教师能够开展"对话"提供了良好的深度化交流平台，为教师提供了情感支撑。另外，微课也是一个深具反思性的媒介，教师以"网络日志"的方式进行教育叙事，从而发生"思想碰撞"来反思教学。

三 评价方法的发展：教师互评更为直接、自评反思更为直观

教师的教学是一门实践的艺术，教师发展往往是通过"实践—评价反馈—改进—再实践"的程序进行的。也就是说，教师的发展离不开教师评价。教师评价与教师教学生涯伴随始终。美国教育管理学家萨乔万尼曾表示："典型的教师评价是先定出教师的工作标准，然后通过现场观察和书面的检查来考察教师是否达到有关标准。这种评价实际上是考察教师是否按有关规定去做，显得比较狭隘。"

如果仅仅把教师评价当成学校日常管理工作的一部分，则很难实现教师不断认识自我、发展自我、完善自我的目标。但是，在实际生活中，由于教师角色的多样性、教师劳动的复杂性及教师管理的特殊性等原因，使得在现阶段的我国学校教学还不能采用完全摒弃奖惩的发展性评价理念。

在现实的学校教师评价活动中，一般采用多途径、多主体来评价教师。其中主要的形式有：领导评价、同行评价、学生评价、社会评

价及教师自我评价。其中，领导评价、学生评价及社会评价更多的是对教师的职业道德、教学组织及教学行为进行监督，对教师的专业知识及发展却缺乏有力的促进；而同行评价或许会碍于同事关系无法严肃表达自己的观点。相当一部分同事会选择中庸表述，以致失去了鞭策效力；至于教师的自我评价，在实际操作中往往会变成教师的"回顾"，缺乏严密的教育叙事，有些问题可能被忽视，而限制了教师发展。

上述弊端在微课基础上构建的虚拟学习社区中可以避开，能够实现"以评价促发展"核心思想的发展性教师评价，尤其是教师互评及自评两种形式。

互评：评价活动有着鲜明的主体性特征。评价活动就是主体从自身需要出发，从而用自身利益作为标准来评价客体的认识活动。所以，教师群体主体间的评价会因为隐匿了详细信息、不需要顾及"交情"而从自身利益出发"畅所欲言"。这对于教师主体间对话、产生思想碰撞或者交流心得有促进作用。

自评：自我评价是教师通过认识自己，分析自我，从而达到自我提高的促进教师专业发展的有效的内部机制。这种内部动机比外部刺激具有更持续的作用。正如哈里斯（B. M. Harris）和希尔（J. Hill）所指出的："只有教师本人对自己的教学实践具有最广泛、最深刻的了解，并且通过内省和实际的教学经验，教师才能够对自己的表现形式和行为做一个有效的评价。"

可正如前面所说，"自评""反思"并不是简单的"思考""回顾"，需要采取一定的手段及方式才能取得理想的效果。"教学日志"就是一种很好的、直观的"叙事""反思"手段。不管是教师互评还是自评，在基于微课构建的虚拟学习社区中都由原来的静态走向动态，注重在评价中倾听教师的声音，与教师进行充分的沟通并促进教师积极参与。所以，基于微课构建的虚拟学习社区为教师评价的实施提供了平台，有利于实现"以评价促进教师发展"。

综上分析，随着信息技术进一步发展，多媒体和互联网技术不断丰富和成熟，可以预期，像苏州教育微课这种自我言说和多元互动的多媒体网络平台必将对人们的工作、生活、学习方式产生越来越广泛的影响。怎样让它们进一步健康、可持续地发展下去，怎样充分运用微课服务我们的日常教育教学、服务教师专业成长、服务教育质量的提升和教育事业的全面发展？我们还必须进行深层次、宽领域、多维度的探索。

就教师的专业发展而言，纵向来看，教师在不断的反思和批判中积累知识和技能；横向来看，教师通过与其他同行或专家交流合作达到深化理解，共同发展。随着全球信息技术的进一步发展，通过基于微课的教师学习共同体来拓展教师的横向发展和纵向发展，必将成为未来教师专业发展的大趋势。基于微课的教师学习共同体仍然脆弱、仍然稚嫩，它需要更加丰富的乳汁，需要更加有力的扶持与引导。

第七节 微课程下外语教师专业发展模式中的把控要点

基于微课堂的教师专业发展模式融合了校本教研、反思性教学、课例研究以及信息技术等多种手段，以期促进教师的专业发展。为使该模式充分发挥其优势，在应用过程中需要把握以下三个要点。

第一，教师良好的素养是该模式应用的前提。首先，教师在面对微课堂这一新兴事物时，能够正确认识微课堂，理解微课堂作为教师专业发展的一条途径具有很大的潜力。教师与时俱进，更新观念，接受微课堂，愿意参加微课堂活动，才能形成良好的互动，改进教学。其次，教师需要具备良好的信息技术能力。微课堂为教师提供了一个虚拟的信息交流平台，教师在与专家、其他教师、学生、家长等社会各界人士进行交流互动的过程中，需要具备良好的信息技术能力，才能形成教师成长共同体。最后，教师需要具备良好的心理素质。基于微课堂的教师专业发展模式实际上是教师不断自我教学改进的过程，教师需要有足够的耐心进行一次次的教学、反思、交流与改进，才能获得自身的成长。同时，微课堂给大众提供了一个畅所欲言的平台，教师需要有良好的心理素质接受大众的审判，择其善者而从之，有则改之，无则加勉，不断改进，使自己的教学朝着更有效更有价值的方向发展，提升自己专业知识与能力。

第二，教师成长共同体的形成是该模式应用的关键。从国内外教师专业发展模式的研究综述中可以看到，基于微课堂的教师专业发展模式融合了多种教师专业发展模式，能够去除教育日常生活中的习俗和权威，克服传统教研流于形式、碍于情面的弊端，跨学科、跨时空地与教师、专家、家长等其他社会人士进行平等交流，相互促进，真正平等、自由地对话。在微课堂展播时，无论是执教者还是其他教师（游客），对每一个微课堂作品都需要用平等的态度去表达自己的思想，去评论他人的观点，去接受回复他人的评论，交流促进，形成教师成长共同体。从大赛的所有作品的网络评论上看，执教者与其他社会人士的交流，特别是教师与专家的互动相对较少，教师成长共同体的形成相对较为薄弱。

第三，自我教学反思改进是该模式应用的核心。从微课堂的拍摄、教研、网络的互动交流、教师成长共同体的形成以及最后的迁移应用，都是教师通过微课堂不断地反思教学设计与现实教学的差距，反思与他人教学的差距，进而改善自身的行为，提高教学质量，促进自身的不断发展。因此，微课堂促进教师专业发展的过程实际上就是教师自我教学反思改进的过程。应用基于微课堂的教师专业发展模式需将教师自我教学反思改进始终贯穿其中。

第六章

基于微课的外语教师专业发展模式促进机制

第一节 课堂观察的促进机制

一 课堂观察的步骤

课堂观察一般分为观察前、观察中和观察后三个基本阶段。

（一）观察前

观察前首先要明确观察要解决的问题，要有针对性地进行观察。其次根据要解决的问题制定出相关的规划。规划的内容包括观察的地点、时间、课次、焦点、方式、工具等。如有条件，可依据具体的要求对观察者进行培训。

（二）观察中

观察中阶段主要是指课堂观察的实施过程，即进入课堂及记录资料。通过不同的课堂观察记录方式，观察者记录不同的观察行为，包括行为发生的时间、出现的频率、师生言语或非言语活动的内容和形式、观察者现场的感受和理解、音像资料等。

（三）观察后

课堂观察结束后，要对所收集和记录的资料进行整理和分析。课堂观察所记录的资料一般有定性和定量两种，两种资料分析的方式不尽相同，但目的都是通过对其进行系统的分析来揭示课堂行为之间的相互联系，了解被观察行为的意义，解决课堂观察前设定的问题。在分析和整理的过程中，要求所有参与者对课堂事件和现象进行探讨并制定出相关方案。

二　课堂观察的现状

在我国，课堂观察被称为听课或评课，观察的目的、方式单一，观察结果的应用范围狭窄，造成课堂行动研究和教师专业化发展的研究相对滞后。

第一，重视评价和示范，忽视教师专业发展。目前国内听评课主要有这样几种形式：同科教师相互听课和督导听评课、公开课、示范课、上级和学生的评教。

对于同科教师相互听课，国内许多学校有硬性的规定。譬如：一些学校规定教师每学期听课至少三次，目的主要是给教师提供相互学习和相互观摩的机会，实际上效果并不明显。很多教师视听课为任务，注重形式，学校也只是核查教师完成听课的节数。公开课和示范课相对于听评课显得太正式，往往表演和包装的色彩太浓，削弱了本来的功能。由上级和学生对教师教学行为进行评价并将评课结果进行量化，作为业绩考核的一部分，与教师的工资、职称甚至工作岗位挂钩。这种形式给予教师的不是发展而是制约。过分强调评课的外在管理功能，甚至将其作为对教师进行鉴别分等的工具，就不可能给予教师应有的安全感。

第二，课堂观察随意化、形式化。由于前期准备不足，观察目的不明，使用方法、工具单一等，课堂观察的随意性、形式化成为一种普遍现象。

第三，课堂观察能力不够、效果不明显。除前期的准备不够充分之外，教师们缺乏系统的课堂观察及研究的培训，于是造成了课堂观察中缺乏足够的观察能力，观察效果肤浅。

第四，课堂观察缺乏实用的反馈。作为观察者在课堂观察之后要及时对记录的内容和资料进行整理和归纳，并与被观察者之间进行沟通和交流，从而就课堂中的问题给予改进和完善。课堂观察反馈是课堂观察中的重要环节，可以有效地使被观察者进行自我反思，从中受益和提升。

第五，关于课堂观察的理论还需完善。课堂观察作为教育、科研的辅助方式，在理论和实践过程中缺乏系统性、具体性、有效性。教师不能只凭感觉来进行课堂观察，需要在科学的理论指导下实施，因而课堂观察研究的深度有待加强，理论需要提升。

三 课堂观察的现实意义

课堂观察是教师获得实践知识的重要来源，也是教师搜集学生资料、分析教学方法、了解教学行为、促进自身专业发展的有效途径。

在教育界很多知名的教育家都是在大量的课堂观察实践中创造出优秀的研究成果的。瑞士著名的教育和发展心理学家皮亚杰教授就是采用自然观察法对儿童认知结构进行了研究并提出了著名的"发生认识论"。

课堂是学校教育的基本单位，它具有丰富的研究价值。在实践过程中，教师专业成长和课堂观察之间存在着千丝万缕的关系，教师在课堂教学中会收获一定的自信心和成就感，在丰富学生知识系统的同时，也促进自己的专业化发展。具体来说，体现在以下几个方面。

首先，课堂作为学习和教学的现场，是教师、学生和课程三者之间相互结合而成的有机组织，教师学生可通过观察对方的反应来获取信息，从而不断摸索出适合教学的最佳方法。因此，对教师来说，课堂观察利于教师及时发现教学中问题和自身的不足，因此课堂观察的科学合理组织可以为教师的敏锐观察专业能力提供练习机会。

其次，教师通过观察同伴的课堂教学，可以重新对自身在教学和专业知识能力上的欠缺进行重新认识。长久以来的分科教学独立性强，封闭性也较强。观察同伴的教学过程可以使教师的教学观念呈开放式、互动式，便于对教学信息的传播和学习。同时对课堂的质量反馈信息也具有重要的意义：一方面能够更全面、更细微地了解到学生的课堂表现、接受能力和学习状况，并自觉地与自己教学时的信息作对比，围绕学生能动地改变教学方法，提高教学效率；另一方面，通过听课、评课等课堂观察形式，教师能及时反思教学中的优势和不足，譬如教学理念是否适合当前的教学对象、教学方法是否应该多元化等，从而对教学采取更积极的态度，发挥课堂观察在教师专业提升过程中的作用。

最后，由于教学环境中的各个因素是始终处于动态变化中因此课堂中具有很多不可预测的复杂状态和问题，这对教师教学都具有较大的挑战性。这就需要教师在课堂教学中对内隐和外显问题都要有敏锐的洞察和预测能力，这样才能有效地防止教学问题的发生，成为专业能力较高的教师。可见，具备课堂观察能力是教师必备的专业素质，也是区分教师专业水平高低的重要指标。

四 课堂观察对教师专业发展的作用

教师的专业成长是一个多元多层次的发展体系，其中教师的理论知识是教师专业化的基础。就教师的知识结构而言，教师知识可分为本体性知识（教师所具有的特定的学科知识）、条件性知识（教育学和心理学的知识）和实践性知识（关于课堂情境及与之相关的知识）。真正决定教师教学行为的是教师的个人理论及教师的实践操作、管理能力。这些知识和能力的提升单凭别人的帮助和支持是无法实现的，需要教师有一定的个性、情境、探索和沟通特征作为基础，更多地依赖于教师的自觉发现。这就需要教师时刻反思自己的知识系统和实践能力，从这个角度看，教师的专业成长过程在很大程度上表现为教师自我发展的过程。

（一）课堂观察有助于教师专业发展的实践反思

在教育教学实践中，教师专业发展的途径是多元的，有职前的专业知识培训、岗前培训和在职的学习、培训、进修，以及同伴互助等。但是从教师专业发展的动力来说，归根结底在于专业成长的主体——教师自身，也就是说，教师本身的自主实践活动——教师自主认识自我、分析自我、完善自我是教师专业成长的根本动力。在这种内在动机的激励下。教师制订自己的专业发展计划，确立自己的专业发展的目标，选择实现专业发展目标所需要的途径、方式和方法。因而努力提升教师专业自主发展内在的意识和动力，就成为促进教师专业成长的最根本的问题。而这种自我意识的产生必须立足于课堂教学实践，就教师职业的特性而言，这种自我意识集中体现在教师基于课堂观察进行的自我反思上。

基于课堂观察的自我反思是指教学对自身的教育教学和科研工作中行为和理论的重新审视和判断，反思中教师要以公平客观、独立自主、见解到位等的要求来约束自己。这样，教师会对教学计划、教学行为以及教学对于学生的影响进行自评和分析反思能力的养成是确保教师不断再学习的最基本条件，在反思过程中，教师拓宽了专业视野，认识到并完善自身在教学行为和观念上的不足，在提高教学质量的同时促进教师专业发展。

若在外语微课程上采用课堂观察，那么有利于外语教师正确认识到课堂生活，并重新审视自己的教学设计、教学组织和反思行为。通过对同伴课堂的观察，可以使想、教师带有批判性的目光来反思自身的教育行为，发展自身自主性的决策能力，教师通过互相反思、互相评价、共同合作来解决教学和科研中的难题，逐渐提高教师自身的素质，促进教师专业成长与发展。可见，课堂观察是教师的深层次反思过程，是促进教师专业成长的一条重要途径。

（二）课堂观察有助于加强教师对课堂的驾驭能力

通过对课堂教学的观察、分析、思考和判断，透过现象分析课堂行为反映出的实质问题，教师的观察能力逐步得到增强。在观察中发现自己和其他教师教学中的具体问题，使教师清楚地看到自己的教学行为、教学监控能力、课堂规划的运行、师生之间的关系与互动等。通过观察之后教师之间开展的互相讨论，自觉地反省自己的教学，研讨改进教学行动的策略，并付诸行动，从而积极主动地解决这些问题。

（三）课堂观察有助于教师教学风格的形成

对教师本人的教学活动、学生的学习情况、课堂气氛等的观察让教师有能力识别有效和无效的课堂行为，能够反省课堂存在的优点、缺点。在观察与被观察双方的深层次交流中，教师能对自己的教育观念进行客观的、理性的认识、判断、评价，从而对自己的教学行为做出调整和改进，同时还可以借鉴他人观点中的个性化、创新化的教育观念，逐步形成教师自身的独特教育思想，形成教师自身的教学风格。

陈瑶（2002）认为课堂观察是教师从事课堂研究较好的切入点。总而言之，教学观察有助于教师专业发展的实践，有助于加强教师对课堂的驾驭能力，有助于教师教学风格的形成，有助于提高教师的观察能力，有助于教师专业成长。

第二节 教学案例的促进机制

一 教学案例对教师专业发展的作用

（一）教学案例是教师的教育、教学经历的真实记录

教学案例都是教师日常的教学实践活动的记载，非常贴近教师工作，与教师的专业发展有着密切的联系。教学案例中记录了教师遇到的难题和实际问题，通过合作、探索和自主思考所获得的一些有效的

解决办法，从而积累的相关经验和教训。这是教师专业发展中的一笔宝贵财富，对于教师专业发展和档案建设具有保存价值和研究意义。

（二）教学案例是促进教师进行教学反思的有效手段

案例撰写是对教学实践的反思，从实践中选择适当的实例进行描述和分析，可以更清楚地认识有些做法为什么取得了成功，有些为什么效果不够理想。通过反思，提炼并明确有效的教学行为及其理论依据，从而更有效地指导今后的实践。教师需要针对教学过程进行回顾，教师就能更深刻地认识某些具体教学问题，从而探讨恰当的解决方法，即不断反思、分析、总结和促进提高的过程。

（三）教学案例能推动教师进行主动的教学理论学习

要想透彻地对案例进行分析，教师就得具备深厚的教学理论知识。很多教师能将一堂课设计得非常好，但是在进行教学案例分析时，往往会感到自身的教学理论水平有所欠缺，分析教学案例时会有力不从心的感觉。因此，不断地进行教学案例的分析能促使教师深入地学习有关的教学理论，并应用理论来解决教学案例的实际问题。这段时间的理论学习是为了解决教学实际问题，所以教师会要保持明确的教学目的和教学愿望。撰写真实的教学案例使教学理论不再是艰涩难懂、空洞无物的教条，相反，此时教师学到的是"看得见、摸得着"的思想和方法，从而能更深入地内化教师的教学理论知识，并能够有效地指导教学实践教学行为。

（四）教学案例能促进教师共同发展

教学案例是教学情境的真实再现，就是一个书面记载的故事，拥有完整的时间、地点、人物以及人物活动等。不同的教师在阅读这个故事时会有不一样的理解和认识，教学案例不但非常适合用来进行教师之间的交流和研讨，并且可以成为教师进修发展的有效载体。教学案例反映出教师在教学过程中遇到的困难、疑惑或问题，及由此而产生的心得、解决方法和途径等。教师们集中在一起针对这些问题和心得体会展开讨论无疑对所有教师分析问题、解决问题以及教学水平的提高大有裨益。

相比教学论文，教学案例更能满足大部分教师的教学需要。教学案例在内容上比论文更加贴近实际，其材料也富有多样性。在写作形式上，教学案例更为自由，可以充分反映一个教师的性格特点，并且易于在教师当中传播交流，使教研活动开展得有声有色、卓有成效。

（五）教学案例能大大提高教师的专业能力

一方面，教学案例能提高教师的教学实践能力。撰写教学案例的过程是一个紧密结合教学实践与教学研究的过程。在这一过程中，教师具有双重身份，也就是说教师既是教学活动的执行者，又是教学活动的研究者。教师在描述和分析具体的教学行为的同时又加深了对教学理论的理解。反过来，教师又再运用教学理论来指导教学活动，使教学行为达到科学化和合理化。教师若要写好一个教学案例，就需要找出教学案例当中的问题，并进行深入分析和研究，从而很好地解决某个问题。如果一个教师经常撰写教学案例，能够及时而敏锐地发现带有共性的问题，并且能够根据这一共性来探索出解决同类问题的方法和途径，将对其他教师有很好的指导作用。大量积累典型教学案例的过程能培养教师通过现象看本质的思维方式，提高教师的教学实践能力。

另一方面，教学案例能提高教师的教学研究能力。教学案例、教学论文、课题研究材料等是教师进行教学研究中重要的组成部分。教学过程几乎每天都发生，因而教师撰写教学案例的频率明显高于教学论文和课题研究。通过长期撰写教学案例，教师的写作水平不断提高，思维能力不断加强。在教学案例撰写的过程中，教师会有一定的心得体会或者会有一些困惑。教师将这些心得体会记录下来，经过整理并最终形成相关论文。针对教学过程中的困惑或共性问题，教师们组成团队进行专题研究，验证某种猜想或者找到某个问题的解决方法。只有将撰写教学案例这一基础打牢，才能将教学研究能力提升到较高水平。因此，教学案例的撰写对教师教学研究能力的提高有着相当重要的意义。

除此以外，教学案例还能提高教师的观察能力和创新能力。教师撰写教学案例时，要挑出具有代表意义的事例。这就要求教师具备敏锐的观察能力，从众多实例中发现典型。教学案例要想做到生动具体、直观逼真，教师就必须进行认真的观察，才能将真实的教学情境还原。

二 基于教学案例的英语教师专业发展途径

教学案例的研究与教师专业化的发展，是通过教师的隐性知识与反思能力的提高为中介，教师在案例研究过程中，一方面外显自己的隐性教学知识、分享他人的隐性教学知识，实现教师个人的隐性知识增长；另一方面，案例的研究始终伴随着教学反思以及实践中反思能力的提高，而知识的增长和反思能力的提高可以促进教师的专业化发展。教师目前对教学案例所进行的反思活动比较浅表化，缺乏系统性和科学性。因此，探索基于教学案例的英语教师专业发展的途径显得尤其重要。

（一）建立英语教学案例库

英语教学案例库是针对特定受众群的多个英语教学案例的集合。建设教学案例库时，首先要考虑英语专业自身的专业特色，必须具有现实的指导意义和教学意义。

结合英语这一专业，教学案例库可以从以下几个方面来建立。

根据学习对象：如小学英语、中学英语、高职英语、大学英语等教学案例库。

根据课程类型：如听说课、语法课、阅读课、写作课等教学案例库。

根据教学方法：如任务型教学法英语教学案例库、基于建构主义的教学案例库等。

根据地域特点：如本校英语教学案例库、本市或本省英语教学案例库。

（二）开展英语教学案例校本培训和校本教研

传统的培训模式侧重于对教学理论、方法进行概念性解说。很显然，在这种枯燥的理论指导下，教师对教学这一复杂过程无法有效地理解和彻底地把握，更无法将理论内化为教师的职业实践能力。所以，教学理论的有效学习必须建立在实践的基础上。生动、真实的教学案例就是一个有效的学习载体。然而，有关英语教学的案例很多，别的学校的优秀案例不一定适合本校的实际情况。因此开展适合本校实际的英语教学案例校本培训是一个非常有效的途径。

开展教学案例校本培训的首要任务是收集教学案例中出现的问题。此处的"问题"就是教师在本校日常教育教学活动中遇到的疑惑、困难和热点问题等。培训者可以通过调查问卷、对教师进行访谈、实地观察课堂等方式收集问题。参加培训的教师也可以通过分析教学案例，归纳出相关问题，并对问题进行进一步分析和反思，将所有的问题组成问题包呈现给培训小组。

开展教学案例校本培训的根本任务是在提出问题之后，根据问题的性质及特点引入理论培训。教师通过对照专家讲解，结合自己的经验，再进一步反思。在这一过程中，任何一个参与者都有可能成为另一个或一群受训者的专家。教学案例培训只是一种手段、一种过程，其目的在于通过分析寻找解决问题的最佳方案。通过提出问题、讨论问题、解决问题的过程，教师不断地反思总结，使自己的理论知识更加牢固，实践经验更加丰富，这将很好地促进自己的专业发展。

（三）将教学案例与课题研究结合

教学案例研究是与教学行为研究融为一体的课题研究。课题组成员拟定实验方案，制订实验计划，确定实验地区和单位，同时认真学习《国家基础教育课程改革纲要（试行）》《全日制义务教育英语课程标准》等新课程改革的纲领性文件，以及教育科研的理论与方法、案例研究的相关理论等，为本课题实验的实施做好准备工作。其次再通过开展实验阶段（案例生成、案例研讨、案例积累）、评估阶段，完成教学案例与课题研究相结合的环节。

总而言之，不管采取何种方法，只要是有利于学生的学习，有利于学生英语能力的培养，有利于提高教师的教学能力，有利于教师的专业发展，就是合适的。

第三节 共同体互助的促进机制

一 同伴观察学习的反思

同伴观察学习强调榜样的作用。观察者正是通过对榜样的模仿而调整自己的行为并不断向观察者靠近。但是，榜样的作用却存在着正面和负面的影响，而且，观察者的这种观察、模仿和学习，并不是片面和单向的，而是必须以自我调节为中心，通过接受榜样的信息，经过自我的选择和筛选而不断进行调整。

（一）榜样的作用

同伴对于观察者有重要的指引作用和榜样作用，榜样的行为会影响到观察者的思想和行为，对观察者的生活和学习产生至关重要的影响。因此，同伴观察学习中榜样的选择至关重要，好的榜样可以促进观察者的认识，提升观察者的思想，纠正观察者的行为。但是，在理论上和实践上，坏的榜样更容易引起观察者的注意，尤其是对于同伴观察学习来说。因为刺激、时尚、反叛的行为总是易于引发关注，更容易引发共鸣和获得注意，因此也更容易成为观察学习的模仿对象，拥有这种行为的人，也更容易成为同伴的榜样。因此，对于同伴观察学习来说，确立榜样至关重要。对于学校来说，应注意为教师提供榜样型案例和学习资源，引导教师保持良好学习状态，制定奖惩分明的相关规范和要求。

（二）个人自我调节的作用

在同伴观察学习中，观察者是通过对榜样的观察来调整自己的行为举止和提高自己的思想觉悟的，这种观察学习区别于观察者的直接学习和亲自实践，是间接性的学习活动，这种观察常常是默默揣摩和暗中进行的。但是，这种观察并不是单向的，虽然榜样的作用在同伴观察学习中起着重要作用，但观察者会根据自身的实际和需要，根据自己的期盼和渴求，对作为被观察者的榜样的行为进行选择进而调整自己的学习和行为，这种个人的自我调解，是观察者作为独立意识的个体存在的基础，也是同伴观察学习得以进行和保持正轨不偏离方向的关键。因此，在同伴观察学习中，要注意培养观察者的个人自我调节能力，这是观察得以进行和保持的保障。可以说，正是有了观察者的自我调整能力和自我调节作用，才有了同伴观察学习。

二 同伴观察学习实践对英语教学的启示

在同伴观察学习中，首先要具备求真的精神、务实的作风、科学的方法，学习重要榜样的精髓、觉悟、境界和品德，对照典型找差距，从而提升自己分析问题、研究问题、解决问题的能力，用以解决发展中的矛盾、前进中的难题、工作中的症结。同时，面对负面典型的"示范"作用，始终保持清醒头脑，去粗取精，去伪存真，不断加强和改进自己的教学方法，确保自己始终坚持正确的前进方向。

（一）充分发挥榜样的作用

英语教师道德素质自我发展的途径主要通过自身学习和教育实践来加强道德修养。在外语微课程中开展同伴观察学习，是教师向优秀教师学习的途径之一，对英语教学具有十分重要的指引效果。教师可通过同伴观察来解决自身课堂中无法胜任的问题，汲取知识和技巧，借鉴好的教学观点和方法，在反思的过程中提升自身专业发展。

作为榜样的人物，不仅应该具备良好素质，而且要平实可近，让学习者通过努力能够达到学习的目标。具体来说，就是要发挥先进教师榜样的重要作用，激发广大教师向榜样学习的主动性，引导广大教师将榜样的精神力量转化为具体的教学实践行动，将榜样的感染力和影响力转化为一种自身向往成为榜样的动机（袁文斌、刘普，2010）。

因此，要选择生活、学习中比较接近，影响较大的同伴作为榜样，使学习者从中找出差距，养成良好的学习、生活习惯（赵珍，2012）。

榜样教师一些好的专业意识、专业精神、教学方法会影响其他教师，促使其更新教学理念、提高教学技能、提升教学效果。这是因为榜样的教学容易让同是教师的观摩者、学习者引起共鸣，因为是同专业，具有共同的专业背景和知识结构，具有同样的教学目标和教学标准，也具有同样的问题和疑惑，榜样的成功经验能够让学习者感同身受，给他们更直接、更亲切的体会和感受，更易于为学习者所理解和接受。

（二）理性对待负面典型

好的榜样对于观察者而言有正面的指引作用，所以，我们要注意培养、发掘和树立好榜样，以此形成一种整体向上的氛围。但是，榜样不但有正面的，也有负面的。负面榜样在集体中同样存在，也一样发挥着作用。同时，人们对于敌对的、攻击性的行为远较亲社会行为更易于模仿，正所谓学坏容易学好难。另外，虽然榜样行为被奖励比被惩罚更能引起模仿的倾向，但是，榜样被惩罚却更易于加深同伴的印象，而且，学习榜样——不管是正面还是负面榜样和学习后的表现并不一致，学习的榜样行为是否表现出来，取决于观察者对自己行为表现后果的预期，即观察者认为这一行为会带来奖励还是惩罚。因此，如果观察者认为这一行为会带来惩罚、否定等不利后果，那么，观察者则会自我进行理性选择。因此，负面榜样的存在会对同伴观察学习产生一定的破坏作用，但是，通过对这一负面榜样的否定和引导，也能将负面影响减少到最低（雷顺利，2002）。对教学理念、教学目标的偏离和教学效果的低下，称为错误典型可能更为合适，这通过同伴观察学习和建立健全考核机制和评价机制，负面影响也可以及时得到纠正。这是因为反馈所提供的评价信息是一种有意识的反馈，能够引起各个层面的注意，从而使其认识到自己的不足之处，并做出相应的修改来不断完善自己，提高自身的能力和素质。

三 同伴观察学习实践对教师专业发展的影响

同伴观察学习理念的探索和实践，使教师能全面提升自身的综合素质和教学水平，进一步丰富教学理论内涵，加强教学创新能力，从而推动教学水平的提高，是推动教育工作科学发展的有效方法。

（一）同伴观察学习有利于提高教师教学行为能力

通过同伴观察学习，可以使人们获得行为的规则，实现教师之间专业知识和经验的共享，提升教师行为能力。同伴观察学习理论对于教师的教学能力提出了专业化和综合化的要求，在加强专业技能的同时，必须不断拓展多方面的才能；而且，必须学以致用，理论联系实际，与时俱进，开拓创新。因此，应博采众长、兼收并蓄，建立一种开放的、积极吸收各家之长的理论模式，只有动态的、开放式的、发展型的理论，即不断加以修正、充实的理论，专业发展才会更好。

（二）同伴观察学习有利于形成教师良好的道德行为

同伴观察学习在德育过程中起着决定性的作用。有效的同伴观察学习能改变观察者的行为、思维模式、情绪反应、价值观。榜样教师应以身作则，以身示范，动之以情，导之以行，给教师们以真实的情境和感染，使教师们产生共鸣，以促进其道德行为的生成。同时，榜样对观察者具有重要的引导作用，教师在教学中，就是学生最好的榜样。

（三）同伴观察学习有利于表现教师良好的习得行为

人们的许多行为都是通过观察他人的行为而习得的。同伴观察学习强调的是观察示范学习或模仿学习。但是，习得行为和行为表现并不一致，也即通过观察习得的行为并不一定要表现出来（袁文斌、刘普，2010）。因此，教师在教育中需要认真思考同伴之间行为的习得，仔细观察他们之间的行为关联、及时地干预、指导，从而为良好的行为习惯的养成创造条件、奠定基础。这既为教师提出了更高的要求，也反过来促进了教师素质的提高。

总之，教师之间的同伴观察学习，不仅是教师的自我观察，而且是为改善学生的课堂学习与促进教师自身的专业发展服务的，教师之间的同伴观察学习可以提升课堂教学质量。教师若能利用好同伴观察学习的方法，就可以了解自己的优势和缺点，就能明确自己今后努力的方向，并付诸行动之中。那么，所有的教学工作都能事半功倍。

第四节 课堂录像的促进机制

一 课堂录像的分类

对课堂录像可以从两个方面理解，其一是指对教师的课堂教学过程进行实录，并将其储备备份，作为教师学习观摩、教研评教、经验交流和借鉴学习的资料；其二是在各领域专家的指导下拍摄的各种各样、格式不一的视频资料，如 DVD、互动式的 CD—ROM 以及为可视学习环境下提供的在线流媒体等。我们把课堂录像广义地分为三类，即课件中使用的视频录像、课堂实况录像和用以示范观摩学习的录像课程。

（一）课堂视频录像

课堂视频录像是指教师在课前预先为课堂教学准备的相关视听资料，如电影片段、歌曲、MTV、新闻播报、文化介绍等视频资料，教学中教师通过 PPT 课件链接或其他播放软件演示呈现，集视、听、说为一体，使课堂生动化，学习材料多样化，信息量大为增加。下载和链接课堂视频材料这种做法是目前课堂教学较为常见的方法。英语教学的视频资料主要来源于网络和影碟，以古典和现代英美文学和英美文化影片以及形式多样的影视作品和影像交流材料为素材，通过下载、制作、剪辑和录像等教育技术手段，将录像材料加工链接在PPT或其他课堂演示手段中，通过多媒体演示和播放。

（二）课堂实况录像

课堂实况录像是对教师课堂教学的全程实况录制，包括教师课堂教学的所有教学环节，如课堂导入、师生的互动、教师的课堂教学语言、教学的成效等，目的是便于教师课后进行教学评价和反思，诸如教师备课是否充分、时间安排是否合理、教学环节是否连贯、教学进度是否适当、课堂组织教学是否有序、学生综合运用英语的能力是否得到培养等。

（三）录像课程

录像课程是指由教育专家、优秀英语教师和教育研究部门对特定教学内容用先进的教学方法以示范课的形式预先录制的课程。近年来，国内外大学、中学、小学这方面的录像课程内容丰富多彩，各级教育机构和学校纷纷创建媒体网站，提供各门学科的名家名师课堂供学习者登录访问、观摩学习和作学术探究。英语教育的发展和其他学科教育发展一样，与时俱进，网络资源平台的建设和录像课程的开发呈现勃勃生机。

近年来，远程教育和继续教育已成为国民教育的重要组成部分，也是实现终生教育的重要途径。随着公民教育的大众化和普及化，越来越多的受教育者选择无时空限制的远程教育和继续教育作为学习和进修的主要渠道，这就大大拓展了远程教育和继续教育的范围，极大地创造了网络资源平台，挖掘了类似录像课程这样的多种教学资源市场。从学校教育到终身教育，从学历教育到非学历教育，从学业专攻到技术培训，从行业钻研到跨界联系，网络课程无所不有，无处不在，充分体现了国民教育市场的繁荣，最大限度地满足了学习和培训的需求。通过多维度、多视角、多元化和多层次把教育贯穿于各个领域，进而构建起终身教育体系。如此一来，网络录像课程便成为远程教育和继续教育的一条重要渠道和基本途径。

二 课堂录像与教师专业发展

近年来，国内外英语教育界一直在关注利用教学录像来促进教师专业化发展的问题。Kathleen M. Bailey、Andy Curtis 和 David Nunan 在《追求专业化发展——以自己为资源》一书中有一章"Video: seeing ourselves as others see us"曾对此作了专门的介绍。他们认为，观看自己的教学录像可以使教师站在一个客观的角度考察自身的教学实践，它不仅能反映自己在教学中的一些优点和不足，还能把平时在课堂中忽视的许多问题再次呈现出来，从而引起教师的重视。课堂录像对教师专业化成长的促进作用具体体现在以下几个方面。

（1）获取信息反馈。课堂录像有助于教师了解课堂教学的有效性。课堂录像如果利用得当，可以为教师提供客观的教学信息。

（2）学会内省。对观看课堂录像所得到的反馈，教师要能够灵活分析运用，要学会自我评价，而非依赖外部的评价。

（3）教师专业发展中的一个很重要的方面是要学会承担责任。教师只有具备这种精神，才能积极面对课堂录像所反映出来的正面或负面的情况。

（4）寻找教师职业发展所需的生长点。只有明白这一点，教师本人才会竭尽全力去实现目标。课堂录像给观看者提供一份非常公平、不偏不倚的课堂情况记录，如教师的课堂表现、讲课的语速、肢体语言的使用、教学内容呈现的方式、课堂操练的量、教学内容的组织、师生话语的比例等。观看课堂录像是本人看，还是与同伴一起看；选择什么样的同伴与你一起看；选择的原因是什么？教师本人到底想改变哪些方面；这些都与教师的价值取向有一定的关联，所以，课堂录像的应用能使教师在多方面受益,是教研教改需要长期研讨的课题。

在国内,有关于教师利用课堂录像来促进新教师专业发展的研究文章(曾燕文,2008),并提出新教师发展是校本教研的一个重要任务。新教师自拍课堂录像,根据指引观察课堂,在有经验的教师的指导下对课堂教学进行不断的改进。课堂录像有利于新教师对课堂微技能的细致领悟,是在校本教研环境下促进其发展的有效途径。

英语教师专业发展与教育技术的与时俱进有着密切的关系。华南师范大学教育信息技术中心把广东省高校教师教育技术培训普及到省内各级院校,专项承担了教师教育技术推广任务,这对大力推进教育改革具有积极意义,对教师专业发展具有促进作用。

英语教育和其他学科教育一样,在把现代化教育手段推进课堂方面一直走在前面。目前,PPT多媒体课件的制作与应用已经成为各级英语课堂教学的主要媒介,而辅之以课堂录像的应用,有效地推动着外语电化教育和外语立体化教学的发展。视频与音频材料的制作、多媒体素材的收集及处理、精品课程建设与课程资源建设已成为英语教师专业发展工作中的重要组成部分。英语教学新理念的实施离不开现代教学手段的推动作用,有效整合视听说,即融图像、声音和情景为一体的教学模式成为英语教育界研讨的热点之一,而利用课堂录像作为促进教师专业发展的一种手段,也正得到广泛的关注。

课堂录像与教师专业发展紧密联系,集中反映在学科教育和课程建设的四大教研教改活动方面,即示范课、公开课、精品课程及远程继续教育课程。以下主要对课堂录像与示范课、公开课、精品课程、教师专业发展之间的关系进行简略概述。

(一)课堂录像与示范课

英语示范课是我国英语教学长期以来普遍用以借鉴、推广先进教学方法的途径之一,是加强教学经验交流,开展课堂自我反思,实现教学内涵深层挖掘,开阔视野,提高英语教学教研能力的有效手段之一。英语示范课起着传播先进的现代英语课堂教学理念、应用现代教育技术和设备、介绍推广新的英语教学方法的作用，在深化大学、中学、小学教育教学改革中起着重要的作用。现代多媒体技术在英语课堂教学中的引入常常是在英语示范课中得以尝试之后逐步推广开来的。其中，英语课堂教学中使用的录像材料，如影视作品、文化纪录片、访谈实录等给英语课堂教学带来了传统教学模式难以包含和传达的巨大信息量。这种高密度和巨大信息量的输入在英语课堂教学改革中的作用尤其明显，因为英语课堂教学主要依赖于英美国家本族语言的大量输入，并通过课堂的互动交流，从而促进英语运用能力的提高。

一方面，课堂录像中的视频材料在示范课中的应用让广大英语教育工作者看到了课堂录像材料在英语教学上的重要突破，弥补了传统的英语教学资源获取不足，信息展示时间不够等诸多缺憾。课堂录像材料对于英语教学的重要突破主要表现在两个方面：一是极大地增加了视、听、说的量。传统的英语教学轻听说、淡交际，重读写、重应试，学生极少获得地道的视、听输入，课堂录像的引入增加了英语的视听量，使英语语言发音的准确度和纯正性有了质与量的进步。二是增加了对英美文化的纵横了解。网络资料的不断更新和日臻完善极大地丰富了文化背景资源。丰富的网络视频资料可以提供详尽的世界各地的风俗人情情境，并以课堂录像的方式展示出来，增加学生对英美文化和英语国家背景的了解。了解文化是学习一门语言的重要组成部分，对于提高英语学习的有效性、兴趣度等起着十分重要的作用。随着示范课的学习和传播，课堂录像逐步被广大英语教育工作者认同和采纳，并长期有效地运用到日常教学教研活动中。

另一方面，课堂录像的应用能相对公平地使每一个受教育者获得较为平均的信息输入量（input）和输出量（output），有利于顾及教育的客观性和公平性。在笔者的调查中发现，基于课堂录像的会话学习任务和语言习得活动设计既面向整体，又面向个体，一定程度上可以提供给学习者，包括会话能力较弱群体或被动接受语言者相对客观和公平的学习情境。在语言交流互动的情境中，面向整体的导入（leading in）或呈现（presentation）有助于提高整体的语言输入（input）和理解（comprehension）的信息量，从而获得更佳的整体课堂学习反馈。在双向交流互动的过程中，个体也可因人而异不断修正和调整自己的会话内容，进而促进个体的语言输入和理解。这种兼顾整体和个体的教学设计通过课堂录像的植入，侧重了课堂交际，有助于提高整体和个体的语言输出（outputh）的有效性。

这样看来，录像片段的课堂植入设计有助于会话的学习和语言的习得。通过课堂录像的课堂植入，对学生进行语言训练，有效整合基础知识和基本技能，充分发挥学生语言认知潜能，激活其知识背景和激发学习热情，以期实现英语基础知识学习和英语基本技能训练的双赢。

另外，课堂录像又以录像课程的形式作为示范课被广大教育工作者学习借鉴，主要体现在教研教改和继续教育学习内容中。

（二）课堂录像与公开课

公开课是一种有组织、有计划、目的明确的面向特定人群的正式课堂讲授活动，其活动主题鲜明、任务明确。活动对象除了学生以外，一般还有其他同行教师和相关领导。公开课让教师的教学水平得到充分展示，是该教师或该备课组对一定的教学理念、教学艺术、教学风格等的追求与应用的综合能力的集中表现，并在开放的教学研讨氛围中，使教师获得多维度、多角度的多元评价，从而促进课堂先进教学方法的共同探究、教学经验的相互交流。公开课无疑是有益的、必不可少的教研教改活动的重要组成部分。

在近年来的英语公开课教学中，教师们普遍运用了课堂录像材料以使课堂生动化和信息化，它主要包含以下几种内容：音乐MTV类、新闻播报类和民俗介绍类等。而这些课堂录像可以贯穿于课堂教学的各个环节：如预热和引入环节（warming up & leading in），课堂录像有助于课堂教学内容展开的预热和引入，调动和活跃班级的气氛。同样，也可应用于课堂教学的巩固环节（consolidation），便于对所讲授内容的回顾和总结，或是对所学知识内容和训练项目的反馈和检验。

（三）课堂录像与精品课程

精品课程仍属于示范课程的范围，其性质与之不同的是示范课通常反映的是日常课堂教学活动的突出特征，而精品课程则是对某一领域、某特定课题的教改趋势和方向的前瞻性的研究项目进行的一整套、一系列和相互联系的教学活动安排，其主要包括课程设计、授课计划、教案、学案、课件、课堂实况录像、配套作业、测试卷和教学反思等全方位的各级精品课程指标所要求的必备内容、环境和条件。其中，课堂实况录像是重要的评估指标。

精品课程通常是由学科带头人和骨干教师队伍组建，运用先进的现代教学设备、现代教育技术、现代教学方法、现代教材资料以及高效的课堂管理经验等共同探究合作完成。精品课程建设是各级各类学校教学质量与教学改革工程的重要组成部分。

根据《教育部关于加强高等学校本科教学工作提高教学质量的若干意见》，要建立各门类、专业的校、省、国家三级精品课程体系，并在组织规划精品课程建设时，充分考虑学科与专业分布以及对学校教学工作的示范作用，要把精品课程建设与高水平教师队伍建设相结合。根据（教高［2001］4号）精神，各高等学校还要切实加大和保障对精品课程建设的经费投入，组织优秀教师认真规划、精心组织，尽快启动本校精品课程建设工作，并保证精品课程的可持续发展。

精品课程中的课堂实况录像是利用摄录设备将整个课堂教学过程录制下来，真实反映教师的课堂实际操作和学生学习行为的全过程，集中反映其学科建设在此领域的示范带头作用和创新方面的突出成效。国家和各省级相关部门对各级精品课程的技术指标提出了明确的标准和要求，旨在使之成为具有代表性的高水平教育成果在网络媒体中流畅播放，实现资源共享。

课堂实况录像的形式能够客观地反映出课堂教学的全过程，便于课后对教师课堂教学进行评估。通过录制教师公开课反映课堂教学内

145

容、教学态度、方法手段、教学素质和教学效果等全方位的教学评价标准以评估教师备课、合理安排时间、教学环节连贯、教学进度把握、课堂组织教学、多媒体操控等方面的综合能力。因此，课堂实况录像在推广优质课堂教学经验、开展课改研究、进行教学指导、评价教学质量、组织教学评估和创建教学资源等方面起着重要的作用。

通过观看和学习课堂实况录像，学习者可以学习和借鉴教师的教学方法、教学环节间的处理和个性化的教学风格，并将其与教案中预设的教学目的、预期的教学效果结合起来，观察在实况中是否达到预期的教学目标。

（四）课堂录像与教师专业发展

课堂录像的应用是现代教师学习和钻研业务的重要手段之一，是教师备课、制作课件的前期工作准备，其目的是借助课堂录像，充实教学课件、整合视听说教学资源和完善课程设计等，旨在提高整体教学水平和综合训练效率。

另外，专家和名师的课堂录像或视频资料（录像课程）可作为教师学习观摩、教研评教、经验交流和借鉴学习的重要资料。研讨和学习优质课堂的教学案例或成功的做法，包括观看非教学录像或非课堂视频资料，有助于提高教师的专业水平，促进教师的专业发展。

近年来，各大地方网站、教育职能部门网站和各级学校网站都在开展网络资源建设，提供专业或专门的网络录像课程或视频教学资料供教师和学生上网访问。

在过去的传统做法中，教育部门通常采用组织现场观摩示范课和公开课等形式开展教研教改活动，以此作为教师专业发展、在职进修或继续教育的重要内容。在现代教育技术的推动下，在网络建设高速发展的环境下，示范课、公开课等教育资源逐步进入了各种专业网站，学科教育和课程建设逐步进入了网络时代，尤其作为推动学科教育和课程建设的精品课程更是首先以网络途径为基础，并通过其网络窗口为学习者提供访问和学习的平台。

因此，作为教师专业发展的有效途径，如示范课、公开课和精品课程与课堂录像有着紧密的关联，甚至可以说，课堂录像推动着示范课、公开课和精品课程的发展。

课堂教学录像集中从三个方面反映出对现代教育的创新和推进，一是创新教学手段，二是创新教学观摩，三是创新教学评价。

第一，课堂教学录像的应用要力求做到切实创新教学手段。

长期以来，英语教学课堂和其他学科教育一样，始终坚持创新，探索先进和行之有效的科学教学手段。通过英语课堂教学录像来促进英语教师的专业发展是现代英语教师职业生涯中专业成长和发展的必修课程，既是英语教学实践课堂组织教学的基本技能，也是创新教育模式的重要手段。

课堂教学录像的引入和应用，突破了传统教育模式的种种局限，集视、听、说为一体的高效率，大信息量的综合课堂创新了现代立体化的教育模式。这无疑对现代英语教师提出全新的挑战。现代英语课堂除了要求教师有扎实的英语专业知识和英语教育技能以外，还需要娴熟的现代教育技术和操作技能；既是现代教育载体的设计者，又是现代教育工具的使用者；既是现代教学手段的创新者，又是现代教学课堂的实践者。随着现代教育技术的日新月异，现代英语教师的创新和发展刻不容缓。要使得诸如英语课堂录像的现代教学手段在现代英语课堂系统中良好运作，取得预期的教学和学习效果，除了科学设计和娴熟运用以外，关键在于有效的"调控"操作能力的提高和加强，这是目前笔者在调研中观察到的普遍存在的问题。部分英语教师或部分英语教学录像的使用者，一定程度上受教学录像的"钳制"，即受到他人或自己设计和制作出来的课件的限制，难以把课件内化而操作自如。如果教师停留在点鼠标和播放环节上，无疑难以获取预期的效果，引发学生对课堂的抱怨。对于这些问题，英语教师要不断地根据课堂运作系统内外因素的变化来调整教学策略，使各因素之间的关系处于最佳协调状态，这样，现代教育手段诸如课堂录像的应用才能充分发挥其潜能，服务于课堂，服务于学生。

文秋芳（2004）在关于学习策略研究的论述中提出了给学生以策略指导的原则、步骤和方法。教师对学生学习策略的指导有六个步骤：

(1) 了解学生使用策略的情况；
(2) 决定训练内容；
(3) 决定训练方式；
(4) 准备训练材料；
(5) 实施训练计划；
(6) 对学习策略指导的成效进行评估。

联系到录像课程的应用，我们不妨也借鉴这六个步骤，使之对照我们的课堂录像，即把学习策略和电教手段有机结合起来。在录像课程的学习中也给学生指导学习策略的方法，并融入诸如录像课程的集中训练或分散训练、录像课程的班级面授或个别指导、录像课程的整体播放或分段演示等教学活动中。这些做法都要根据具体情境和实际情况的需要而因材施教。换言之，把成功的学习策略在电教课堂加以整合，使录像课程更好地服务于学生，服务于社会。

所以，课堂教学录像的应用要做到切实创新教学手段，关键在于把握课堂录像的"调控"。有效的课堂录像"调控"涉及教学管理方面的学习策略探讨和实践。我们可以这样认为：不懂得使用管理方法的教师从本质上说就是没有方向或机会回顾自己的进步和取得的成绩，以及思考未来的目标的教师。

第二，课堂教学录像的应用要力求做到切实创新教学观摩。

对于英语教育工作者而言，观摩示范课和公开课、观看教学录像是日常教学教研必不可少的内容。教学录像看一次，看两次，甚至看三次，效果都不会一样，收获会逐步增加，这有助于相互借鉴和学习。当然，发现的问题、提出修改的意见也会越来越多，这有助于教学反思和理性总结。事实上，课堂录像可使教师站在一个较为客观的角度来观察自身和他人的教学行为，反映教师自己和他人的优点和缺点。

在观看自己和他人教学录像课程时，其侧重点不尽相同。他人的评价是自己的一面客观的镜子，反映出客观实在。自己的观点于他人，同样反映出个体对其他人教学行为的理解和评价。正所谓教学相长，取长补短，相互借鉴，相互学习。

自然，对某一教学行为的理解或鉴赏会因人而异。然而，较为先进和颇具成效的教学行为总是能赢得认同和赞赏，成功的教学理论和教学方法，总是在不断地探讨和实践中求证和拓展开来。正所谓教学有法，教无定法，能历经检验的有效方法总会赢得众人的推崇。就录像课程而言，观众在看影视片时，或许有的是把注意力集中在内容和情节的合理性上，有的争论的是其实际性和实践性，而导演则聚焦于内容和情节的安排顺序所产生的整体效果和预期目标。作为教育工作者或教育行为的参与者，如能兼顾"观众"和"导演"的侧重点，兼收客观和全面的教育反馈，无疑会有益于教学相长而促进其专业化发展。

这样一来，创新教学观摩活动，除形式上将其示范课和公开课视频化以外，更多要考虑其制作的内容和可操作性等诸多因素服务于具体实际，不要为了一味追求形式上的新颖而抛弃传统知识结构的层次和阶段，也不要为了迎合评估而制作局限"展示"的课件。即要始终坚持实事求是的工作作风，一切从实际出发，力求把观摩变成具有代表性的先进模式的拓展和推广。

第三，课堂教学录像的应用要力求做到切实创新教学评价。

教学评价直接影响到教师的职业生涯和专业成长。通过示范课和公开课的教学录像有助于客观记载和反映教师的教学行为。创新现代教育评价的立体化和多元化有利于发挥评价的积极作用，使之真正实现教学评价的导向功能、调节功能、激励功能和鉴别功能。一堂精心准备的示范课或公开课，除了凝聚教育工作者的心血和汗水外，也包含着他们对教育工作的热忱和执着追求。示范课和公开课的教学录像反映出课堂策略的整体性、课堂设计的开放性、组织教学的动态性和教育反馈的多面性诸多方面的问题，这些都无疑会影响教育评价和教育行为。所以，如何通过示范课和公开课课堂教学录像的应用提供公正、客观和积极的教育评价的参考标准，反映优秀课堂的带头示范作用，推进现代英语教育发展，促进现代英语教师的专业发展是广大英语工作者教研教改的重要课题。

总之，课堂录像与教师专业发展有着密切关系。要想满足现代学生日益增长的现代文化知识和职业技能的需求，培养高质量的英语人才，就必须了解现代英语学习的现状和特点，转变理念，做到有的放矢，关注学生发展，加强课程建设，提高教师业务素质，加快现代英语教育的改革步伐。

第五节 教师档案袋的促进机制

提升教师专业素养和促进教师专业发展是世界教育发展的主要课题，并掀起一轮新的教育革新浪潮。在教育改革的进程中，教师的专业发展内涵更加丰富，教师已经不再是单一的"传道授业解惑"者，而是在传授知识的同时担任有道德、有理想、有专业追求的人，更应当是终身学习、不断自我更新的人。

教师专业发展档案袋来源于教师的行动研究，通过教师档案袋的开发和应用，教师和教育机构共同成为教师专业发展的主体。在教师档案袋的评价机制上，教育机构对教师的教育教学职业过程实施监督，教师个人对自身的教育教学能力不断进行反思，进而对自我专业成长做出规划，内外结合，共同发展，可以说，教师档案袋的科学应用对教师的专业发展乃至整个教育事业的发展起着不可忽视的促进作用。

一 新时代背景下的网络化电子教师档案袋的建立

教师档案袋的形式经历了从纸质档案袋到电子档案袋再到网络化

电子档案袋的演变过程。

(一) 纸质档案袋

以纸质印刷品为主要媒介，将教师的信息资料以及教学活动反馈和学习成果等记录保存在文件夹或活页夹等常规文件储备用具内。在这种形式下，档案袋的信息呈封闭状态，其在实际应用和管理上不能充分体现教师成长档案袋设计的良好出发点，其作用主要在于保存，而应用功能不能凸显，弊端在于：档案资料只是堆砌而难以实现动态更新、教师不能发挥其对自身档案袋的主体性作用、无法实现对教师队伍的激励性引导等。

纸质档案袋的应用流程示意见图6-1。

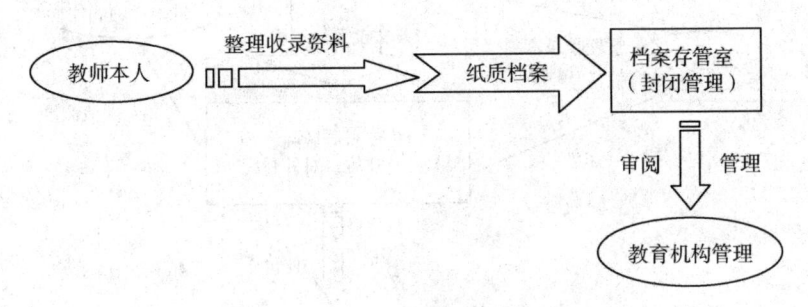

图6-1 纸质档案袋的应用流程示意

(二) 电子档案袋

随着计算机技术在教育行业的普及应用，教师档案袋的储存方式也由纸质印刷品转为电子文档，教育机构将传统的教师业务档案文本管理改造为以现代信息技术为支撑的电子文本化管理，并通过校园局域网实现在学校内部范围的信息交互，形成"无纸化办公"的新型管理模式，有助于提高教师管理和评价的效率，更突出的是，档案袋的利用打破了封闭的障碍，无论是管理者还是教师自己，甚至校内教师同伴都可以共享其信息资料，充分调动了教师的自我管理的主体性，同时促进了教师同伴之间的相互交流和激励。

与纸质档案袋相比，教师电子档案袋具有很多新的特点，如表6-1

所示,电子档案袋的应用流程示意如图6-2所示。

表6-1　　　　　　纸质档案袋与电子档案袋特点对比

比较内容	纸质档案袋	电子档案袋
资料收集	纸质档案收取,费时费力	电脑操作,省时省力
资料保存	不易备份,保存时效短	易于备份,保存时效长
存储空间	纸质档案,存储空间受限	电子文档,存储空间可扩展
档案利用	以管理者为主,教师无查阅权限	以教师为中心,在局域范围内有查阅权限
携带	麻烦	方便
互动性	封闭管理,无互动	教师自我纵向互动和校内教师同伴横向互动结合

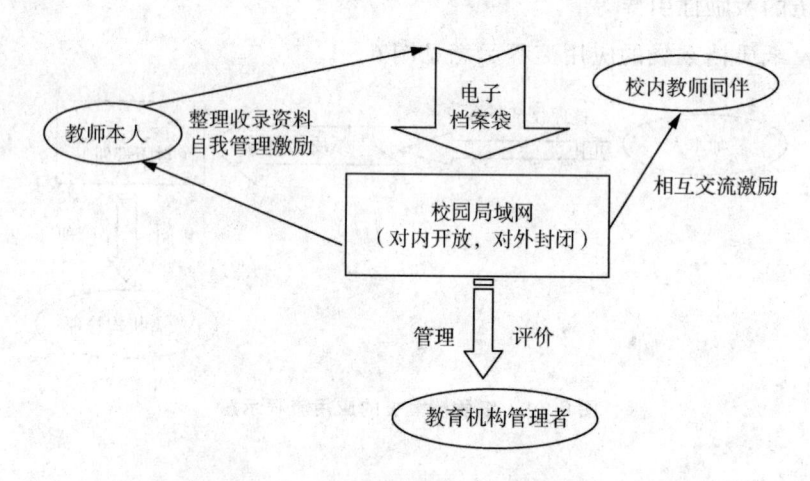

图6-2　电子档案袋的应用流程示意

然而,在实际运用过程中,电子档案袋也存在一些不足。依托于校园局域网,教师电子档案袋主要以教师个体的信息为单位,教师的信息资料呈现独立管理的特点,每位教师根据自己的教育教学情况按照时间顺序进行整理。在这种个人化的信息组合方式之下,教师往往关注更多的是自身的纵向发展情况,很少同时打开多个同伴的档案袋与同伴教师进行横向交流。有些教育机构为了方便管理或保护隐私,甚至为每位教师的档案袋设置了个人密码,教师只能对自己的信息进行操作,根本没有机会了解同伴的情况。因此,从本质上讲，电子档案袋很大程度上只是将纸质档案袋经过数字化转换到计算机上，并没有从根本上解决纸质档案袋对教师交流和互动的束缚和限制。

（三）网络化电子档案袋

在互联网的普及和深入的时代背景下，随着网络技术在档案袋的开发利用方面日臻成熟，网络化电子教师档案袋也应运而生。网络化电子档案袋依托互联网这一无地域界线和限制的载体，为教师搭建了一个更广阔的交流互动平台，实现了在互联网上的传输和发布，网络电子档案袋的应用流程如图6-3所示。

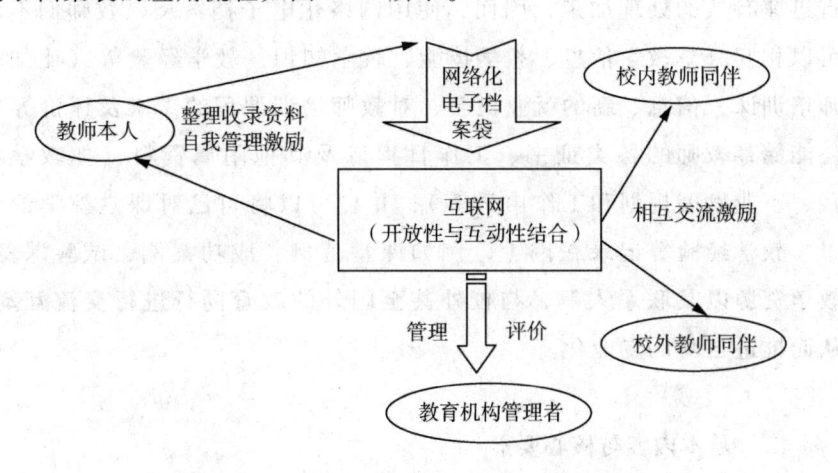

图6-3 网络电子档案袋的应用流程示意图

网络化电子档案袋具有方便、快捷、机动、安全的特点，在隐秘安全的状态下，档案袋可以帮助教师记录自己的事业发展轨道、发展计划、课堂实践、自我评估以及自我反思。教师可以不受地域和时间限制，随时登录，在网上安全地记录个人信息和教育教学情况，对自己的思想、写作及谈话等进行同步记录，或是设计今后的职业规划。档案袋中的所有记录均将在高度安全的保障下存储于动态网络程序中。网络化电子档案袋在以下方面比电子档案袋更有优势，如表6-2所示。

表6-2　　　　　网络化电子档案袋与电子档案袋优势对比

比较内容	电子档案袋	网络化电子档案袋
资料收集	以活动时间分类为主	以活动时间和专题等综合分类
应用范围	对内开放，对外封闭	全面开放
档案利用	以教师为中心，教师本人、教育机构管理者和校内同伴可以查阅	以教师为中心，教师本人、教育机构管理者和校内同伴以及校外同伴均可查阅
互动性	教师自我纵向互动和校内教师同伴横向互动结合	全方位的教师自我纵横向互动和校内外同伴横向相结合的三维互动

此外，现今的网络技术能够对影像、音频及图片等多媒体资料进行迅速有效的处理加工，因而，使用网络化电子档案袋，教师们不仅可以相互分享教学信息、教学技能、教学知识、教学经验等（比如教师培训课程信息、新的就业机会、对教师培训课程的需求及评价等），还能储存教师的各类证书、工作日程以及其他附属资料（如教学实践、事业发展规划和工作申请等），并且可以将自己对课堂教学的反思、教学经验等记录在网上，例如课堂范例、成功案例、试验课例、教学资源以及联系人等，与校外甚至国外的教育同行进行交流互动，从而推进自身的专业化。

二　基本内容与核心要素

教师档案袋能否发挥预期的作用关键在于其内容结构是否符合建立和设计该类型档案袋的目的。对于教师档案袋中应该包含的项目内容，一般而言，可以从以下几个方面去构思设计。

（一）个人信息方面——教师的从业者角色

项目内容涉及教师的个人基本信息，主要包括姓名、年龄、学历、专业、职称、教龄、入职时间等。

（二）教学方面——教师的教学者角色

项目内容主要包括常规教学课程的名称、课程标准、课程计划、教学资料、教案或课件、指导学生作业的范例，以及公开课的图片或音频视频资料等。

（三）科研方面——教师的研究者角色

项目内容主要包括针对教育教学实践过程中发现的问题及解决办法的科学研究、编写的教材和发表的论文或著作、参与或申请的课题及研究成果以及教育教学理念的更新和提升等。

（四）学习进修方面——教师的学习者角色

项目内容主要包括为教学或科研正在或已经查阅的书籍资料情况以及读书报告、从教学同伴或管理者及督导或专家那里获得的经验或建议，参加的专业上或教学技术上的进修或培训及心得等。

（五）反思方面——教师的反思者角色

项目内容主要包括课堂观察记录、总结反思性的教学日志，自我教学能力剖析、自我提升的中长期规划等。

（六）评价方面——教师的评价者角色

项目内容主要包括管理者对教师的发展性评价、教师自身的阶段性或总结性评价、教师对教学同伴和对教学管理的评价等。

以上所列的项目内容在不同教育机构的档案袋应用中有着各不相同的安排设置。各类学校根据自己的发展目标引导教师的专业化发展，教师档案袋体现出规范化格式和个性化项目相结合的特点。由于教师档案袋的突出作用表现为通过教师各项信息资料的记录来达到自我反思和评价的目的，因此，除了流水账式的记录之外，教师档案袋的核心要素应该在于反思和评价两个方面。要评定一个教师档案袋的设计是否科学实用，主要看其是否能够真正有效地帮助教师实现自我反思并通过评价机制达到激励的效果。

当然，教学档案袋作为教师的教育教学活动信息资料的汇总形式，往往只能展示教师在教育教学活动中的某些侧面，对于那些活生生的实践活动的全貌，它很难完全展现。所以，教师档案袋并不能包含教师教学活动的方方面面，教师在记录的时候有必要对信息资料进行精心筛选，将那些比较具有代表性的教育教学活动以及研究成果挑选出来着重详细地记录存留，日常的常规教学及活动则可以简要描述记录。

事实上，当教学档案袋作为评价的手段时，教师自身并不能随意自如地筛选记录内容的项目，这就需要教育机构的管理者与教师主体共同参与档案袋的设计，综合考虑学校的管理理念与教师的个性要求，设置灵活实用的内容项目，既要体现基本的国家教育教学标准，又要符合教育机构的总体发展目标，更要有利于教师们的个人发展。

三 主要特点和基本功能

（一）教师档案袋体现出五个主要特点
1. 内容结构的层次性
2. 教师主体性与差异性
3. 记录与总结紧密结合
4. 自主反思与外部管理相辅相成
5. 以评价为导向，以激励为目的

（二）教师档案袋的功能主要反映在以下几个方面
1. 记录功能

教师档案袋可以对教师的成长经历进行阶段性或长期性的跟踪记录，它伴随着教师的成长，记录着教师执教期间的工作历程和所开展的实践活动，给教师提供了丰富的信息资料来进行反思和学习，从而促使教师专业上的不断提高与完善。

2. 管理功能

教师档案袋帮助教育机构管理者及时了解和掌握教师的基本情况，更集中、更方便地掌握教师执教期间的个人发展情况以及对该机构所做出的贡献，并针对各自的发展需要及时予以满足和协调。

3. 评价功能

教师档案袋是伴随促进教师专业发展的评价改革应运而生的，因此评价功能是它的首要功能。教师档案袋是一种融真实性评价、质性评价、发展性评价和多元评价理念和方法为一体的综合性评价体系。档案袋评价重视教师的专业发展，关注专业课程教学的经验策略，通过评定帮助教师形成对专业的自我认识、自我反思、自我进步的能力。通过建设教师档案袋，评价者可以利用其中的信息资料了解教师的从教成长经历，还可以与教学同伴进行横向比较，明确其专业学习和成长进展。

4. 激励功能

教师档案袋的激励作用建立在其评价功能的基础之上，分为表层激励和深度激励两种。表层激励主要是教育机构以评价结果作为教师考核的成绩而实施的物质性奖励或精神上的褒扬，这些外在的刺激可以有效地激发教师的教学教研热情。而在自我评价以及管理者等其他参与者评价完成之后，教师在接收到一些建设性的反馈意见和建议后，实现自我鞭策，进而潜在地增强自我专业成长效能感，这种内在自发的激励属于深度激励。

四 教师档案袋的专业发展路径应用和反思

在研究的过程中也发现了美国教师档案袋评价体系的不足之处，应结合我国目前教师档案袋应用的现状进行反思：从内部因素来看，美国教师档案袋的灵活性较强，注重突出个性。而国内教师档案袋一般有标准化的设计，教师只要根据相应的要求填充就行了，统一标准的档案袋在评价时方便操作，但又容易抹杀教师的创造性。如果在实施档案袋评价过程中，过分强调标准化，就会使评价千篇一律，失去本质价值。因而，在标准化和创造性两个方面，国内外都没能找到最佳的结合点，各国都在各自的文化背景下努力寻找最符合自己教育体制和理念的处理方式。从实际操作上看，无论国内还是国外教师档案袋开发都费时费力，而且收集资料、挑选作品、编辑内容录入档案袋的工作加重了教师负担。再次，现代技术支持下的教师档案袋创建成本较大。

在整个社会高速发展的今天，终身教育、不断学习对个人和社会的发展都是相当重要的，教师则更需要终身教育来很好地发挥他们作为终身教育的实践者和促进者的作用。在建构教师专业发展的新路径的过程中，教师档案袋正是可以促进教师不断学习和更新知识的有效工具，它将教师的学习经历和学习内容按照一定顺序串联起来，成为教师自我反思和自我学习的重要载体，不仅为教师实现知识建构提供了有利条件，而且丰富了教师不断成长和学习的方式和内容。

在具体的教育环境中，教师既是教学者又是专业化知识的学习者，他们有独立的思想和见解，有较高的知识涵养，教育管理者应该多渠道地促使教师们从现实的教学实践中发掘个人的实践知识，关注个人的专业成长经验，将自己的专业发展过程作为反思的对象，具备专业上的高度自信，让他们不仅意识到，自己是专业发展的对象，更是自身专业发展的主人；引导他们在教学实践中通过多种形式经常与自我保持专业发展的对话，保证自我反思经常化、系统化，从而充分挖掘和利用各种有助于教师自我专业发展的资源。

第七章

大学英语微课堂的教学应用实例

第一节 微课堂教学应用实例

为如实了解微课程的教学应用效果，避免泛化，提高可操作性，本研究选取网络学习专题中的"如何构思微课"子内容作为研究案例，通过在现实课堂中引入微课教学"How to guess the meaning of an unknown word"，并借助辅助资源，展开教学设计和教学应用，以检验微课程的实际教学应用效果。

一、"How to guess the meaning of an unknown word"微课教学设计方案

1. 主题导入

通过引发学生思考问题"当遇到生词时怎么样，特别是在新闻播报中？"，引出猜词的重要性，激发学生已有知识背景，引出主题。

2. 教学活动设计

方法一：根据构词法猜词

【主线】构词法的定义以及分类。构词，从严格意义上说，指的

是反映词义关系的词汇变化规则,可以进一步划分为派生词和复合词两大类。派生表达的是词根和词缀的关系。复合词是由两个或两个以上的简单词构成。

【辅线】11月9号 CNTV 的新闻报道视频,要求学生听后回答问题。同时猜测词义:"multinational" 和 "slowdown"。

Multinational CEOs bullish on China

A new survey says that a majority of the CEOs of multinational companies are bullish on the Asia-Pacific region and China as well.

Financial services firm Price Waterhouse Coopers surveyed more than 600 CEOs from a wide range of economies and found that 67% of executives plan to increase their investments in the Asia-Pacific region during the next 12 months. Forty-six percent of the CEOs of Asia-Pacific based companies that were surveyed say they're optimistic about the prospects of revenue growth.

Most of the CEOs say that although China is facing a slowdown that does NOT affect their confidence in the country's economy.

方法二:根据同义词或反义词关系猜词

【主线】引导学生识别同义词或反义词(synonym and antonym)

【辅线】11月11号 CNTV 的新闻报道视频,要求学生听后回答问题,找出同义词。同时猜测词义:"boosting"。

21 member economies to discuss three priorities.

Asia Pacific Economic Cooperation meetings in Beijing which open this week. Leaders, ministers and senior officials from the 21 APEC member economies will gather in the Chinese capital in the following days to discuss new growth paths that will be vital to boosting the global recovery.

They will focus on three key topics——deepening regional economic integration, advancing economic reform and innovation, as well as boosting infrastructure investment and comprehensive connectivity. Chinese President

Xi Jinping will chair a series of programs.

方法三：根据语篇信号词猜词

【主线】讲解语篇中信号的分类，本次重点讲解逻辑关系信号词中的解释定义关系。引导学生思考信号词为："that is to say"; "namely"; "that is"。

【辅线】11月11号CNTV的新闻报道文本，要求学生仔细阅读新闻文本后回答问题，找出信号词。同时猜测词义："zero-sum thinking"。

Obama expects to meet Xi on relations, major issues

Editor: Zhang Jianfeng | Xinhua

11-11-2014 07:31 BJT

WASHINGTON, Nov. 10 (Xinhua) —U.S. President Barack Obama has said he expects to meet with Chinese President Xi Jinping to discuss bilateral relations and other major issues on the sidelines of the 22nd Asia-Pacific Economic Cooperation (APEC) Economic Leaders' Meeting. ……

The president said that he absolutely rejects the suggestion that the United States is trying to somehow contain China, calling for discarding the outdated zero-sum thinking, that is to say, one country's growth or security has to come at the expense of another.

方法四：根据主从句逻辑关系猜词

【主线】讲解主从句的主要逻辑关系，状语从句、表语从句、定语从句等。

【辅线】11月12号CNTV的新闻报道文本，要求学生仔细阅读新闻文本后回答问题，找出定语从句，根据从句意思猜测先行词"political asylum"词义。

Beijing Anti-Corruption Proclamation will have worldwide influence

Editor: Zhou Jia | Xinhua

12-11-2014 07:31 BJT

BEIJING Nov. 12 (Xinhua) —The just-concluded Asia-Pacific Economic Cooperation (APEC) Ministerial Meeting has adopted the Beijing Anti-Corruption Proclamation and agreed to set up a law enforcement network to allow for cross-border anti-graft cooperation. Though the Proclamation has laid a sound foundation for regional cross-border anti-corruption cooperation, it is still too early to say that the "political asylum" has been faded. But it still exists and remains objectively, which is acting as a "protective umbrella" for those corrupt officials.

方法五：根据常识或背景知识猜词

【主线】根据常识，引发学生思考中日之间的关系，之后引导学生阅读新闻。

【辅线】11月11号CNTV的新闻报道文本，要求学生仔细阅读新闻文本后猜测新闻题目意思。通过仔细阅读新闻第一自然段结合常识和背景知识猜测出新闻题目中的"thaw"的含义。

Chinese and Japanese leaders meet to thaw ties

BEIJING, Nov. 10 (Xinhua) —Chinese President Xi Jinping and Japanese Prime Minister Shinzo Abe on Monday held their first meeting since the duo took office in a sign of thawing ties between the world's second and third largest economies.

3. 总结与作业

从主线和辅线两方面总结主要内容以及五大猜词技巧。

作业是登录课程网站，下载微练习，使用已学知识猜测斜体字词义。在课堂翻转课上进行讨论，并用英语通论并讲述猜词的过程。

二 "How to guess the meaning of an unknown word" 微课堂讲稿脚本

Hello, welcome to my mini-English-lecture. The purpose of this lecture is to show you how to guess the meaning of an unknown word. Maybe it is the unknown words or the new words that prevent our understanding in English reading and listening, especially in English news. (你好，欢迎来到的我的英语微课堂。这节课的目的是如何猜测生词词义。也许生词是英语阅读和听力中的影响理解的拦路虎，特别是在英语新闻中。)

So, today I'd like help you to understand 5 approaches to recognition of the unknown words and guide you to guess the unknown words'meanings through contextual clues. So your awareness should be aroused to guess the new words' meanings in English reading and listening. (因此，今天我将帮助你们理解五种猜测生词的方法，并引导通过上下文线索猜测词义。最终引发学生在英语阅读和听力中的猜词意识。)

Firstly, one question should be asked "what will you do when coming across new words?" "Sometimes, I'll look up a dictionary." Yes, this is option 1: "look up a dictionary or consulting a dictionary". Anyone else? "I just skip it." Perfect! Option 2: "skipping it". But I think we should have the 3rd option, that is, guessing the meaning. [首先，我想问一个问题："遇到生词你们怎么办？"（画外音）有时我会查字典。是的，这是第一个选择，查词典。还有吗？（画外音）有时我只是跳过。不错，第二的选择，跳过。但是我认为，我们应该有第三个选择，猜测词义。]

First of all, please watch a news item broadcasted in November 9th this year, two days before the APEC meeting. After watching it, please answer two questions: Q1: What do you know about the CEOs who came to China to attend the APEC meeting? Q2: What did the CEOs think of Chinese economy? Here we go. (首先，我们看一则11月9号的新闻，也就是APEC会议开始前两天。看之后，回答两个问题。关于参加APEC会议的CEO，你了解到什么？CEO认为中国的经济是什么样的。现在开始吧。)

Now can you find the answer to the first question? How many CEOs?

163

Can you get the information? Yes, exactly, 600. How about the CEOs? Multinational. Let's look at the script. According to the underlined sentences, we can say the CEOs are multinational. Maybe at the first sight, multinational is a new word. But we can guess its meaning according to word formation rules. Word formation refers to the process of word variation, signaling lexical relations. And It can be further sub classified into derivational type and compositional type. Derivation shows the relation between stem and affixes. The word "multinational" is composed of prefix "multi", stem "nation" and suffix "al". So we all know the meaning of the word "nation". How about the prefix "multi"? Yes, it just means "many" or "much". The suffix "al" means that the word is an adjective. So the combination "multinational" means of involving more than two countries. Am I right?(现在能找到第一个问题的答案了吗？有多少 CEO？能得到相关信息吗？是的很准确，600 人。什么样的 CEO？Multinational。看一下原文。根据下划线的句子，我们知道 CEO 是 Multinational。也许乍一看，Multinational 是一个新词。但是我们可以根据构词法猜出词义。构词指的是词的变化过程，代表着词的关系。并且进一步细化为派生型和合成型。派生词显示的是词根和词缀的关系。单词"multinational"是由前缀"multi"，词根"nation"和后缀"al"组成。我们都知道单词"nation"的意思.那前缀"multi"呢？是的，它意味着很多。然而后缀"al"表明这个词是形容词。所以"multinational"指的是多国的。)

Unlike the derivational type, the compound words are composed of two or more three simple words. For example, the simple word "bed" plus the simple word "room" is the compound word "bedroom". (不像派生词，合成词包含两个或三个以上简单词。例如，简单词"bed"加上简单词"room"就是合成词"bedroom"。)

So in this news item, we can see the Chinese economy is facing a slowdown. Slowdown is a compound word, composed of a simple word "slow"

(a verb) and "down" (a prep.). then it becomes into a noun (减速).
(在这则新闻中我们看到中国经济正面临"slowdown"。"slowdown"是一个合成词,由动词"slow"和介词"down"形成了名词"slow-down"。)

This is the first approach. Now Let's come to the 2nd. Please watch the next news item, and answer the question: "What are the three key topics which the APEC meeting focus on?" Let's enjoy it. (这是第一种方法,下面我们学习第二种方法。请看下面这则新闻,回答问题"APEC会议聚焦哪三个议题?"我们一起欣赏。)

About the three key items, we should pay attention to three verbs. They are: "deepening" "advancing" and "boosting". Here the phrase "as well as" indicates that there is a parallel structure here. So the three words are synonym. They have the similar meanings. As we know: "deepening" means "加深、加强", and "advancing" means "前进、超前", so we can infer that "boosting" means "推进、增进". So in English listening and reading, we usually guess the words' meaning according to antonym and synonym in the sentence or in the paragraph. Of course, sometimes these words are not necessarily antonym and synonym in the strict sense, but this method really works. (关于三个议题我们需要注意三个动词"deepening","advancing" and "boosting"。"as well as"表明这是一个平行结构。它们是同义词,有相似的意思。

我们都知道"deepening"是"加深、加强","advancing"是"前进、超前",可以推测出"boosting"是"推进、增进"。所以在英语听力和阅读中,我们可以通过同义词和反义词来猜测词义。当然,有时候这些词并不是严格意义的同义词或反义词,但是确实很奏效。)

Approach 3, according to contextual signals. Let's read the news together. In this news item, we can see the phrase "zero-sum" thinking. But firstly we need to find the contextual signal in this sentence. Yes, "that is to say", so the following words must be the definition or explanation of the formal words. Such as "that is" or "namely". So "zero-sum thinking" means "one country's growth or security has to come at the expense of another." In order to solve the conflict between two countries, the America has already discarded the "zero-sum thinking" to establish the "win-win situation". (方法三：根据信号词猜词。让我们一起读这则新闻。在这里我们看到生词"zero-sum"。但是首先我们要找信号词。是的"that is to say", 因此下面这个句子是对先前词的定义或解释。同样还有"that is" "namely"。所以"zero-sum thinking"指的是一个国家的进步和安全是以牺牲另外一个国家为代价的思想。为了缓和中美两国的矛盾，美国丢弃了"零和思维"建立双赢局面。)

Approach 4, according to the logical relation between the main clause and the subordinate clause. Let's read another news together. Maybe We can't work out the meaning of the new phrase "political asylum", but we know that the following sentence is the attributive clause which modifies the formal phrase. In the attributive clause, we can infer that the "protective umbrella" equals to "political asylum". So it means 政治避难、政治庇护、政治保护伞. Furth more, the subordinate clause includes predictive clause, adverbial clause and attributive clause as shown in the example. (方法四，根据主从句逻辑关系。让我们读另一则新闻。我们可能不知道短语"political asylum"的意思，但是知道下面的定语从句限定修饰先行词。在定语从句中我们可以推测出"protective umbrella"等于"political asylum"。所以"political asylum"是"政治避难、政治庇护、政治保护伞"的意思。另外，从句还包含表语从句，状语从句和定语从句，正如例子中所讲的。)

Let's some to approach 5, according to background information. Look at the title of this news. Chinese and Japanese leaders meet to thaw ties. What does the word "thaw" mean? From the first paragraph, "Chinese President

Xi Jinping and Japanese Prime Minister Shinzo Abe on Monday held their first meeting since the duo took office in a sign of thawing ties between the world's second and third largest economies." Originally, "thaw" means the process whereby heat changes something from a solid to a liquid. According to our common sense, China and Japan have some conflicts and misunderstanding in some issues. But the two leaders' meeting indicates the relaxation or slackening of tensions or reserve. It means they are becoming less hostile, especially in economic development. That is to say, in some cases, we can turn to our common sense and background information to guess the word's meaning. (下面我们进入方法五,根据背景知识猜词。看一下新闻的题目"Chinese and Japanese leaders meet to thaw ties"。单词"thaw"是什么意思?"thaw"的原义是:通过加热使固体变成液体的过程。根据常识,我们知道中日两国在许多问题上都有冲突和分歧。但是两国元首的会见表明这种紧张情绪得以缓解。两国变得不再敌视特别是在经济发展方面。所以在很多情况下我们可以根据尝试和背景知识猜测词义。)

Before saying goodbye, let's make a summary. From approach 1 to approach 5, or from the lever of suffixes and the level of background information, I think We have mastered the 5 techniques to guess the meaning of an unknown word or a phrase. Ok after class we should go to the class website to download and finish the following mini-exercises. And try to figure out the meanings of the italic words with the techniques we mentioned today. In the flipped class, we will discuss how we can work out the meanings of these words without consulting a dictionary. That's all for today. Thanks for your attention, Bye-bye. (结束之前我们做一个总结。从方法1到方法5,是从词汇层面到背景知识层面,我们已经掌握了5种猜词技巧。好的,课后我们要登录网站下载并完成相关微练习。设法使用已学技巧猜测斜体词词义。在翻转课上,我们将讨论你是如何在不查字典的情况下

猜出词义的。今天课程结束了,谢谢,再见。)

三 教学评价

针对学生在两个课时的课前、课中、课后表现情况,分别采用教师评价、自我评价、他人评价、作品评价等多元评价方式。

表 7-1　　　　　　　　教学活动多元评价表

评价阶段	评价方式	评价任务	评价依据
课前	教师评价 自我评价	观看"How to guess the meaning of an unknown word"的微课;思考问题,发表评论	课前活动评价表
课中	教师评价 自我评价	回答课堂提问的情况	主动回答问题的次数和质量
课后	教师评价 自我评价	学生主动提问、交流和互动的情况; 完成微课作品的情况;"猜词"的反思旧习惯和利用"猜词"办法的内容	与教师交流的频率及问题质量;作品评价表

表 7-2　　　　　　　　课前活动评价表

评价指标	评分等级(分数)					计分
	A(4分)	B(3分)	C(2分)	D(1分)	
观看平台中的微课	看了3次以上(不含3次)	看了3次	看了2次	看了1次	1次也没有
对平台中的微课发表评论	发表2条以上(含2条)高质量的评论	发表2条以上(含2条)评论,但质量一般	发表1条内容相关的评论	发表1条评论,但内容无关或质量较低	没有发表任何评论

从教师和学生的评价、反思结果中可知,有的同学已经掌握了"猜词"的方法,并能应用到日常阅读过程中;有的同学虽然还不会分析、使用"猜词"办法,但他们已经肯定了"猜词"在日常学习中的重要性,并产生了"猜词"习惯的意识。

第二节 微课与翻转课堂教学应用实例

一 外研社"教学之星"微课与翻转课堂教学

翻转课堂教学法：教学贯穿在课前、课中和课后，通过课前微课导学，课中案例探讨、剖析和原理讲解，课后反思和微课创作，使整个教学过程有机地融合在一起，有助于保证翻转学习的连贯性，使学生达成学习目标。

（一）教学内容分析

如何构思微课是微课程的重要问题，既包括对微课设计理念、设计方法的学习，又包括开发微课的实操环节，是理论与实践并重的一项学习内容。微课程的构思是整门课程研究性学习的核心内容及教学难点，鉴于微课的新兴和主流特性，它亦成为本学期授课的重中之重。

（二）教学目标及重难点

知识与技能目标：理解微课的概念内涵、设计思路、创作流程和方法，能创作出微课。

过程与方法目标：通过"课前预习—微课剖析—实例示范—小结技巧—模仿制作或自由创作—汇报展评"的过程提高分析、归纳、自主或合作创作的能力。

情感态度与价值观目标：通过欣赏、剖析、示范和展评作品，对微课产生浓厚兴趣，强化创作动机。

教学重难点：构思微课的过程。

二 "How to give effective speech evaluations"翻转课堂讲稿

Hello everyone, welcome to my public speaker course. Today we will focus on the "how to give effective speech evaluations". The main contents are divided into two parts. The mini-lecture and the flipped class. Firstly, let's enjoy my mini-lecture. Now let's begin our flipped class. The objectives are Master 3C standard; Understand the characteristics of effective evaluation. Then Learn how to use the hamburger technique and the positive language to help the speaker to make more improvements. The most important is to Encourage Ss to create constructive and positive learning style in order to form a harmonious learning atmosphere.

Let's come to the point. Firstly, Review the mini-lecture and check your memory and understanding. Then Give the speaker effective evaluation and help her to make improvement in her speech. Now I'll see who is the memory king or memory queen. what? That's 3C standard.

The first is to be concise. You don't have to make a long speech, just be simple and clear. Then, to be concrete. You need to be specific. If you say "Wow it is good or bad" such global evaluation is not enough. You'd better give the specific suggestions in the specific aspects. In the way, he or she can make the improvement. The third C is constructive. Being constructive means avoiding using critical words and providing helpful suggestions. It is your turn to make the judgment "which one is better". For example, which one is more concise? Of course the second one, it is more simple and clear. Next one, which one is more concrete? Yes, the first one. The speaker may maintain the advantages in her opening and pronunciation. In these two sentences, it is obvious that the second one is more constructive. The speaker may need to make the improvement in eye contact. So this is more effective evaluation.

From the hamburger technique, we can see slice bread one means to star off with positive feedback. The 2nd slice of bread concludes additional strength. Furthermore, how to serve the meat of matter properly? We need to be careful of language use and to make it more improvement centered. For example, avoid the use of word "should", because It isn't acceptable, is it. How to say? Please fill the blank. Another critical word we avoid is "BUT", because I can only remember the words after BUT. The better way might be changing BUT into AND, because AND allows more neutral transition from the positive comments into suggestions. Now your turn to help this girl. Here we go. Ready to help? Here are some sentences you might find useful. You've got 5 seconds.

I believe your hamburger of evaluation has already been enough, even if you are not confident enough. Here is an evaluation for reference. Your homework is to surf the net and enjoy leaning professors' evaluation. See you.

三 "How to give effective speech evaluations" 微课与翻转课堂设计方案

作品标题	How to give effective speech evaluations （如何给演讲做出有效评价）
参赛教师	周世燕
教材名称	实用英语演讲
单元名称	To be a better public speaker
个人介绍	德州学院大学外语教学部讲师，主讲课程为大学英语综合、大学英语听力、英语演讲等，主讲教材为《新标准大学英语》，研究兴趣和方向为教师教育发展、大学英语教学。2009 年、2013 年获本校教学比赛二等奖；2014 年荣获国家微课组优秀奖；2015 年获山东高校"微课"比赛三等奖；发表省级核心期刊论文十余篇，主持省、校级科研项目各一项

教学设计方案应该包括：教学目标、教学内容及重点难点分析、教学切入点、教学方法和过程（含时间分配）、教学活动设计等内容。字数不超过600字。

Ⅰ 教学背景和教学切入点

英语演讲技能的教学一直以来是英语实用技能教学的重要组成部分。但在实际教学过程中，学生对课堂中演讲技巧的讲授缺乏兴趣，吸收率不高，很难做到有效利用课堂教学时间，真正实现课堂练习与交流的目标。

所以本教学结合微课独特的优势，在演讲课堂中实践翻转教学，最终达到优化演讲技巧知识点传授过程的目的。在本微课中，将大学英语演讲与口才课堂中的一个知识点——如何进行有效的演讲评价，以微课的形式呈现。

Ⅱ 教学目标

1. 知识与技能

1.1 掌握演讲与评价3C标准。

1.2 学会用汉堡包评价法则对他人的演讲给予评价。

1.3 学会如何使用正确积极的语言做出评价，使之容易被人接受。达到演讲者和评价者共同进步的目的。

2. 情感与价值培养观

2.1 引导学生明确演讲评价对于演讲学习的重要性。

2.2 培养学生的倾听意识和能力。

2.3 引导学生意识到演讲评价中的语言使用的正面和负面影响。

2.4 鼓励学生以积极富有建设性的方式来学习演讲，创造正能量，形成健康和谐的、互助共进的学习氛围。

Ⅲ 教学方法

微课因其时间短，内容少，主题突出，因此针对性强，进而有效增加了学习者的吸收率。同时因微课创作灵活，传播便捷，便于学习者随时，随地学习。

此次微课视频，学生可在课下线上学习如何进行有效演讲评价，为课堂演讲技巧实践做好准备。微课中，制作者遵循了理论—实例—实践的逻辑顺序，有效结合演讲理论和技巧，通过图文并茂的讲授与呈现。音频、视频、图像、动画、多维度刺激学生视听感受，抓住学生注意力。微课中，通过此类，简化和具体化学习内容，帮助学生更加明确学习目标，在短时间内有效吸收知识点，解决具体问题，并能快速应用。在翻转课堂上，欣赏学生的评价，并给予指导。

Ⅳ 教学过程

1. 导入（2分钟）

用问题进行导入"为什么要成为一个有效的评论者"，引用权威人士 Lance Miller（世界演讲冠军）的话来证实，"I'm a firm believer that if you want to become an excellent speaker, you have to be an excellent speech evaluator. You can't do one without the other"。

2. 授课内容（7分钟）

2.1 What is an effective evaluation? 有效评价的特征

3C Standard：Concise 简洁，Concrete 具体，Constructive 建设性

Concise：使演讲 simple and clear，无须太长。

Concrete：be specific, not global in pronunciation, language, content and body language. 在发音、语言、内容、身体语言上给予具体评价。

Constructive：提出建设性意见，以便于演讲者可以得以改进。

2.2 How to use the burger of evaluation? 汉堡包评价法讲解

学会用汉堡包评价法。形象地用学生熟知的汉堡还讲解评价方法。汉堡分为三层，评价也

分为三部分。第一部分（汉堡第一层）为表扬，给予演讲者感谢和表扬从而鼓励演讲者。第二部分（汉堡夹层）为批判部分，指出具体需要改进的地方。第三部分（汉堡第三层）为再次表扬，给予演讲者改进的空间。提供相应表达方式：1) I got lost when...；2) It would have worked better for me if...；3) I was distracted by...；4) I would like to see more。

  重点讲解如何合适给予批判部分（汉堡夹层），使评价更具有可接受性。着重强调语言的使用：1) Avoid the use of word "SHOULD". 2) Avoid another critical word "BUT". Instead, use the word "AND"。

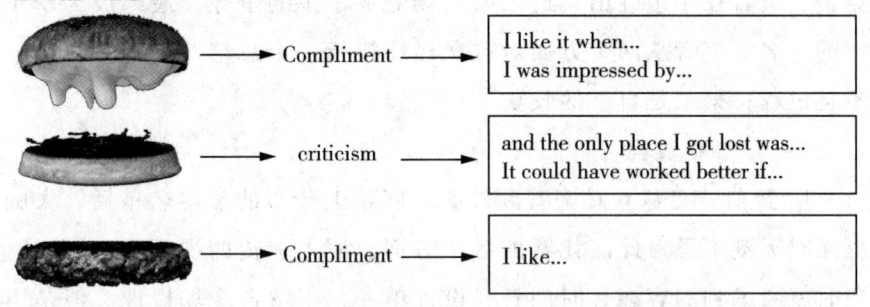

```
[汉堡上层] ──→ Compliment ──→ I like it when...
                               I was impressed by...

[汉堡夹层] ──→ criticism  ──→ and the only place I got lost was...
                               It could have worked better if...

[汉堡下层] ──→ Compliment ──→ I like...
```

2.3 Application of the evaluation 评价法应用

  播放视频一（学生自拍的演讲经过），引导学生运用已学评价法评价视频中学生的表现。视频二是在老师指导下，协助学生拍摄出的学生评价过程，播放后，供学生参考，并且配上字幕，更便于学生学习。

3. 总结和作业（1分钟）

  带领学生回顾本节课着重解决的两个问题。布置学生观看希拉里竞选视频，并做出评价。在翻转课堂上进行，欣赏学生的评价。

Ⅴ 教学重点

  学会用汉堡包评价法则对他人的演讲给予评价。学会如何使用正确积极的语言做出评价，使之容易被人接受。达到演讲者和评价者共同进步的目的。

Ⅵ 教学反思

  微课有助于促使教师精细化教学设计，提升教学表达能力，有助于建立新型师生关系，更加有助于学生更有效地学习相关内容，实现翻转课堂的合理应用。但由于是新的领域，演讲老师仍然有许多困惑，对于如何进行有效教学设计，让微课真正做到小而精、新颖、生动、理念清晰，还需要更多的尝试与实践。

四 微课堂后感想和反思

  8月1日，笔者来到人间天堂杭州，见证了外研社"全国高等学校大学英语教学发展与创新研修班"暨第三届外研社"教学之星"大赛第七场的隆重举行。本期研修班继续围绕"微课在翻转课堂中的应用"这一研修主题，来自全国200多所高校的700多位大学英语一线教师参班学习，35位教师参与本场"教学之星"大赛。笔者作为35名参赛选手中的一员，经历了赛前赛中赛后一系列的洗礼，从中收获汗水、收获紧张、收获惊喜、收获成长。经过激烈角逐，本场大赛还评出冠军2名，复赛亚军3名，季军5名，一等奖25名。经过激烈的竞争，笔者在小组胜出，进入第二场冠亚季军的争夺，最终成为季军中的一名。笔者从两个方面对这次经历进行一个总结，第一是自己的参赛过程；第二是自己的收获。

（一）参赛过程

1. 赛前：自从6月底看到外研社网站上公布的参赛名单后，大脑里无时无刻不思考此次比赛的各个方面。原本上传的视频是10分钟，当时就考虑到内容多、时间长、设计单一，不适合现场授课。但是当时正值学期末，大量繁重的工作接踵而来，比赛的事情一直在脑子里，但是时间上不允许对比赛做过多的准备。但是，阅卷期间收到了外研社通知，一看通知上写着"每位参赛教师的比赛时间将严格控制在15分钟之内（含播放微课视频时间），因此，视频时长请控制为3—5分钟，超时将严重扣分；……复赛的比赛流程为首先播放微课视频，在该微课视频的基础上进行翻转课堂的授课，本次大赛的主题为微课与翻转课堂，现场授课需为翻转课堂的形式"。一看通知笔者立刻坚定了要重新录制视频，重新设计翻转课的决心。但是，当时正是阅卷期间，一个精良的微课视频的制作需要相当长的一段时间，因此笔者无法在它规定的时间内提交。于是笔者给外研社负责联系的老师打了电话，说明原因后争取了一段时间。放假后，笔者的首要任务是完善微课的课程设计和翻转课堂的全新设计。视频录制了四遍，修改了无数遍。翻转课堂的设计比微课的制作时间只多不少。如何在翻转课堂上巩固、贯穿微课知识、如何使翻转课堂真正的翻转起来、如何使微课、翻转课有机的融合起来。这些都是笔者不断思考的。笔者分析了学习目标、分析了授课对象、分析了教学内容、分析了设计环节、甚至连PPT的色彩基调笔者都考虑过了。最终完成了微课的制作和翻转课堂的设计。在家里，掐表计时演练了好几次。心理也知道这次比赛不会为评职称争取多少分，但是毕竟是一次展现自己，展现德州学院的机会，更何况这是自己特别愿意和别人分享智慧的机会，只因为笔者是热爱教学，更愿意和其他热爱教学的老师一起学习一起切磋。

  2. 赛中：来到杭州后，笔者整个人就像进入了参赛的状态。先是听主任嘱托后，主动和年轻老师交谈，争取到两位老师当观众。主动向人家介绍自己的教学思路和教学理念，试图让人家更好地明白教学过程，同时也根据老师的意见和建议再次对自己的教学进行调整。上午的小组赛中，笔者个人认为笔者讲解的思路清晰，环环相扣，与老师的互动比较好，我时不时听到下面老师的回答声音，还有"哦"的声音，讲完后，我原本请求帮忙做学生的那两个老师说："授课气氛很好啊，很多人和你互动，我们根本也没怎么帮上忙。"还有的老师说：你的理性思维太明晰了，思路很清晰明确，这是教文科的老师缺乏的。经过小组7位老师的PK，全体教师的投票，我和广州外语外贸大学的一名老师胜出，参加下午主会场的冠亚季军的比赛。下午来到主会场抽签，一看到这么大的屏幕，这么大的讲台，难免有些紧张，我抽到第三号后更是紧张，也许由于紧张我觉得表现不如上午在分会场，有些遗憾。但是我觉得我也发挥出来自己的优势，像主任说的那样，发挥我的优势，我始终记着这句话。

图 7-1 分会场授课照片

图 7-2　主会场授课照片

3. 赛后：作为第三号选手比赛后，我一边观看学习其他老师的授课，一边自己思考。其他老师是如何做到教学设计科学合理，"微课"和"翻转课堂"实现无缝对接；老师是如何做到课堂中学生参与度高，课堂学习高效，课程趣味性强。赛后，何莲珍教授详述了"微课"和"翻转课堂"的具体特点，从四个层面对参赛教师提出了宝贵的改进建议，使在场的我受益匪浅：在微课视频制作层面，从色彩的选择、图像的呈现、背景音乐的搭配到语速的控制等，教师都应以学习者的角度来思考，做到"user-friendly"；在授课内容层面，不要包含错误的信息，避免形成误导；在授课语言层面，教师应注意语言的准确性，避免使用过多口语化或不正规的语言表达；在教态层面，教师要关注自身的 eye contact 等身体语言，尽量更多地将学生融入课堂学习过程中。另外，何教授随后从理论层面总结了微课和翻转课堂的定义和特征。首先，微课具有知识碎片化、学习个性化的特点，旨在传播某一知识点、提升某一技能、讲解某一语法点，使学生学有所得、学有所思。因此，教师制作的微课应具备以下特征：教学时间短，教学内容少；包含经典示范案例，教学设计精致；视频制作不能过于复杂，做到简便实用。而翻转课堂则应做到：提供清晰明确的教学信息；重新建构学习流程，促使课下实现信息传递，课上通过师生、生生间的互动完成知识的吸收内化；设置方便快捷的复习检测环节。据此，何教授对本场的参赛教师给出了几点中肯的改进建议：首先，微课作为知识传播环节，教师在教学内容安排上要保证"量"的充足，而在翻转课堂中，教师要贯彻"以学生为主体"的教学理念，避免说得过多；其次，在语言输入材料的选取上，要选择优质的、能够促进语言输出的教学材料，避免过分关注材料的娱乐性；最后，在课堂教学过程中，教师应注重引导学生融入课堂学习中，注意自身的语言准确性和身体语言的合理性。我觉得句句是真理，每一句话都可以由我这样的基层老师在教学道路上探索一辈子。

图-3　参加第三届外研社教学之星大赛

（二）收获

1. 明确自己的职业发展方向

教育部高等学校大学外语教学指导委员会副主任委员、浙江大学外语学院院长何莲珍教授应邀做了题为"《大学英语教学指南》解读"的主旨报告。何教授对即将颁布的《大学英语教学指南》（以下简称为《指南》）进行了详细解读，阐释了《指南》对大学英语教育提出的具体要求。

在谈到教学法时，何教授指出大学英语教学应遵循外语学习规律，根据教学内容的特点，充分考虑学生个体差异和学习风格，运用合适、有效的教学方法。教学方法的选择使用要体现灵活性与适应性，目的是"改进教学效果，提高学习效率"。因此，大学英语应大力推进最新信息技术与课程教学的融合，继续发挥现代教育技术，特别是信息技术在外语教学中的重要作用。各高校应充分利用信息技术，积极创建多元的教学与学习环境，鼓励教师建设和使用"微课""慕课"，利用网上优质教育资源改造和拓展教学内容，实施基于课堂和在线网上课程的"翻转课堂"等混合式教学模式，使学生朝着主动学习、自主学习和个性化学习方向发展。

何教授在报告中指出，随着提高高等教育质量、落实立德树人、鼓励大学生创新创业等意见的提出，《指南》在制定过程中字斟句酌、不断完善，实现对大学英语教学提出指导性意见。《指南》的颁布将助力开设满足国家战略需求、满足新一代大学生个人发展需要的高校大学英语课程，帮助大学英语教师打造大学生真正"终身受益、普遍欢迎"的英语课堂。

何教授还强调大学英语课程应兼具工具性和人文性双重性质，注重培养学生的英语应用能力，增强跨文化交际意识和交际能力，同时发展自主学习能力，提高综合文化素养。大学英语教学应以提高学生英语应用能力为教学重点，实现学生个性化发展需求，着重提升学生通用英语能力，进一步加强学术英语或职业英语交际能力和跨文化交际能力。

此外，针对评价与测试这一教学环节，何教授明确测评是"for learning"，要"以评促学""以测促学"。为了改进教学效果、提高学习效率，现代教育技术的应用在大学英语实际教学中尤为重要，而外研社"教学之星"大赛所倡导的"微课"和"翻转课堂"的有机结合正是对多元教学环境和混合式教学模式的探索和创新，必将助力大学英语教学改革。

2. 分享智慧，展示风采

参加本场"教学之星"大赛的 35 位教师运用"微课"和"翻转课堂"的教学手段，将线下自主学习和课上互动学习有机结合，充分实现了《指南》所提出的提升学生英语应用能力、提高跨文化交际能力的教学目标，为所有参班教师呈现了一场别开生面、精彩纷呈的教学盛宴。

笔者从中也学到了如何做到优化教学设计，提升英语应用能力。正如何教授所说，大学英语教学应以提高学生英语应用能力为教学重点，实现学生个性化发展需求。本期参赛教师已然立足实际，体现了对提升英语应用能力的注重。本次冠军获得者、四川师范大学税红老师在课前传授语言基础知识，帮助学生掌握相关术语表达；在翻转课堂教学中，引导学生开展对整容手术的讨论，探讨整容手术的利弊，训练学生辩证思考问题的能力，帮助学生清晰、有条理地陈述观点，从而提高学生思辨能力，培养其语言表达能力。

和大家一起探索教学方法，增强学生跨文化交际能力。本期复赛冠军获得者、沈阳药科大学于雯老师选取《新视野大学英语（第三版）读写教程2》中的"动物暗喻"这一微知识点，运用任务型、合作式的教学方法，深入浅出地讲解了"动物暗喻"的概念，举例说明"动物暗喻"在中西方文化背景下所承载的喻义差异，通过微小层面的文化对比，增强学生跨文化交际意识和交际能力。

3. 教学相长，提升专业素养

何莲珍教授在报告中强调，大学英语教学改革离不开教师自身的不断发展与进步。本次大赛的教学理念对在场教师尤其是我影响深远，因为妥善处理好微课与翻转课堂的关系不仅可以改进教学效果，同样也可帮助教师提升自身的专业素质和能力。正如分会场主持人在点评时所说，参赛教师的比赛过程，其实是大学英语教师同人之间提升自我的切磋和琢磨的过程。比赛时教师设计的每一个环节都凝聚着他们对微课与翻转课堂关系的重视和思考。这些重视和思考恰恰帮助他们实现教学相长，在优化教学效果的同时兼顾自身专业素养的提高。

在当今的"互联网+"时代，传统教学课堂正在逐渐焕发新的活力。通过本次"教学之星"大赛，"微课在翻转课堂中的应用"这一创新理念也正悄然扎根于每位高校英语教师心中。理念传播在继续，交流互动在继续，实践创新在继续，不倦探索在继续，外研社"教学之星"大赛的光芒和影响也将继续！Flipped or not, that is not a question。为满足新一代大学生的个性化需求，我们需要打造时代的多元课堂，为学生构建起有内涵、参与度高的课堂，在智慧的微课堂中体现时代的大境界。

第三节　两个微课程的教学应用小结

虽然两个微课程都取得了一定的教学效果，但两者在应用上均有一些优点和不足，值得我们借鉴和改善。因此，笔者将两个微课程的教学应用进行了对比，找出其共同点和不同点，分析其优势和劣势，并在此基础上提出了进一步改善和提升微课程教学的建议。

一　两个微课程的教学应用对比

由于微课程主要由微课、辅助资源和教学活动组成，所以笔者主要从微课应用、辅助资源应用、主要教学活动这三个核心要素来分析和对比两个微课程的教学，如表7-3所示。

表 7-3　　　　　　　　两个微课程的教学应用对比

	微课应用	辅助资源应用	主要教学活动
"How to guess the meaning of an unknown word" 微课程教学	教学微课主要用在课中，线下观看，旨在解决教学重难点	辅助资源用在课前和课后，起导学和拓展作用	研讨、实例示范、汇报展评
"How to give effective speech evaluations" 微课与翻转课堂教学	教学微课主要用在课前和课后，在线观看，起导学和回顾作用	辅助资源用在课后，起拓展作用	研讨反思、讲解原理、汇报展评

二　基于微课程的教学建议

针对以上结论，笔者提出了基于微课程教学的三点建议，仅供借鉴和参考。

第一，将微课发布在专门支持微课程教学的在线平台。教育平台虽然也能支持视频的发布、在线浏览、下载、评论等功能，但它毕竟只是一个社交平台，不是一个专门的微课程教学平台，没有专门支持微课程教学的一些功能，如视频标注、视频笔记、习题嵌入、学习跟踪等。

第二，每次采用翻转教学前，要撰写一份课前学习任务单，一一列出课前需要完成的所有任务和必须达到的目标，并附上任务要求和评分细则，让学生严格按照单上的要求完成任务，产出可见成果。同时，结合学生在微课程教学平台上的学习记录，来约束其在课前观看微课，完成教学准备活动。

第三，课前供学生观看的微课要有趣、重思辨，且与授课内容息息相关，并能激发学生的学习兴趣。此外，微课的内容要像一根线一样贯穿在教学的课前、课中和课后，使各环节紧密相连，前后呼应。

第八章

外语教师教育科研的基本方法

在具体的外语教育科研活动中，研究方法采用的针对性与有效性直接关系到能否准确地揭示学校外语教育科研对象的本质和规律。

第一节文献研究法是外语教育科研中选择研究课题，形成研究假说，解释与分析研究结果的有效方法。文献研究中应注意目的明确、准确可靠、迅速及时。收集文献的方法一般有检索工具查找法、参考文献查找法、循环查找法和纵横查找法。

第二节观察法是获取第一手信息资料和感性认识、发现问题的重要途径，是验证结论的有效手段。它具有方便、易行、灵活性较大的优点。观察法主要分为直接观察、间接观察、定性观察和定量观察。观察法实施的基本程序包括制定观察计划、观察前的准备、观察的组织与实施、观察材料的整理等四个步骤。

第三节问卷调查法是目前外语教育科研领域中最经常应用的研究方法之一，它可用来描述总体情况、探讨变量关系甚至探讨因果关系。问卷调查分为封闭式和开放式问卷调查。一份问卷一般包括封面信、指导语、问题与答案以及编码等四个部分。问卷调查法的实施程序一般包括探索性研究、设计问卷初稿、确定调查对象、试用和修改、问卷的发放与回收几个阶段。

第四节实验研究法是外语教育科研中探讨因果关系的最有效的方法。实验研究具有变量操作、人为控制和操作客观事物发生、发展的过程、可重复实验结果的特点。学校外语教育科研中常用的实验设计有单组比较设计和等组比较设计。对照实验、析因实验、模拟实验、定性和定量实验、预备性实验是学校外语教育科研中常用的实验方法。

第一节 文献研究法

一 文献与文献研究

我国颁布的《中华人民共和国国家标准·文献著录总则》(GB 3792.1—83)对文献的定义是:"文献是记录有知识的一切载体。"图书是文献,报纸、期刊是文献。录音带、录像带、磁盘、光盘、电影片也是文献。多媒体技术的发明就是这种方式的较为集中的体现。同时,新的信息和知识传递方式也产生了,Internet就是这种方式的典型代表。综上所述,文献的范围非常之广,但其基本要素包括知识、载体和记录的手段。

外语文献同其他文献一样,是外语科学知识赖以记录交流和传播的重要工具,也是人类外语实践和外语科学技术成果的表现形式之一。

文献研究的重大意义在于如下几点。

它是人们获取知识的重要途径。一方面它使人们超越时空的限制,有可能去认识古今中外的事物;另一方面它又使得人类知识的储存、积累和传播不再受生命的限制,从而大大促进了科学的进步。

有助于研究者对所研究领域的情况有一个系统的认识和了解。从研究的角度看,系统地查阅文献,有助于从整体上把握所研究领域的发展历史与现状、已取得的成果及其水平、研究的最新动向、争论的焦点、人们忽视的地方以及其他研究者提出的建议等。

有助于研究者选择科研课题形成研究假设。查阅文献的过程可发现和提出问题，形成假说，确定更有研究价值并适合于自己条件的研究课题，避免重复劳动和资金的浪费。

有助于研究者解释研究结果、撰写研究论文。"任何成功都是站在巨人的肩膀上取得的"，对有关背景资料了解得越多，越有利于引用前人研究数据、理论、观点及研究成果来阐述自己的研究结果。在此基础上撰写出来的学术论文，其质量、科学性和理论价值都会有很大的提高。

文献研究中应注意以下几方面问题。

一是目的明确　要收集对自己的研究课题有用的文献，避免无的放矢。这是收集文献的第一位的、最基本的要求。

二是准确可靠　文献研究是课题立项的重要依据，是研究过程中决策和行动的指南，对研究结论的科学性及科学成果的产出率有着重大影响。不可靠、不准确的数据及论点，不仅不能达到预期的效果，还可能导致决策的失误甚至社会实践活动的失败。

三是迅速及时　文献研究的效果在现代教育科研中还体现在时效性上，科学发展史上的"科学发展的非常时期"即是最好的证明。也只有迅速及时地了解与掌握与课题有关的各种新资料、新信息，才能发挥出文献的重大作用。

二　获取文献的有效方式

研究者掌握文献的最佳途径有以下几个方面。

一是掌握本专业与相邻专业的主要书刊文献等情况。

要熟悉本专业及相邻专业的主要学术期刊、出版周期；最新出版的专业图书与经典著作；有哪些大学有自己的专业，每年的硕士、博士学位论文有哪些，著名学者或权威人士的研究方向；了解本专业或相关专业采用的哪些先进的技术或方法等。只有掌握了这些专业情报，才能大致掌握本专业的研究现状及发展趋势。

二是掌握文献的检索方法。

围绕研究课题对文献检索，是文献研究与评价的首要环节。利用手工检索和计算机检索是获取文献的主要手段。尤其是在 Internet 上检索研究中所需要的文献资料简单易行（不受时间、地点的限制就可以随时地享受网上丰富的文献资源）。

三是掌握利用工具书和评述性出版物的知识。

在科研活动的具体过程中，经常遇到各种问题需要查询有关的工具书，如百科全书、辞典、手册、年鉴、统计资料、名录、文献指南、评述性的出版物等。例如，重要的概念或术语，一般在辞典上提供了最基本的解释和描述。

四是掌握本单位图书资料的情况。

如学校图书馆每年订阅哪些学术期刊、期刊的起止年间、本单位图书馆的分类体系、目录体系、计算机检索方法、最新的专业图书订阅、流通等情况。

五是通过参加学术会议或阅读会议文献了解研究课题及有关领域的最新动态。

近年来学术会议已经成为学术交流的一个重要渠道。学术会议现已成为人们了解有关学科和研究领域的发展水平、最新研究成果、热点问题和学科最新研究动向的重要来源。

三　文献收集的方法

收集文献的方法一般有四种。即检索工具查找法、参考文献查找法、循环查找法和纵横查找法。

（一）检索工具查找法

利用已有检索工具查找文献资料的方法。

1. 手工检索

是根据文献的外部标识（如书名、篇名、作者、出版社、标准书号等）和内容特征（如学科、主题、分类号等）全面系统地查找所需要的文献资料。手工检索的主要工具有：索引（查阅文献线索的工具，它只提供文献的出处，不提供文献的内容）、目录卡片（按既定方式排列的、记录和描述所有藏书的文献清单）、文摘（简练地摘录文献的内容并分类组织整理的刊物或复印资料，它是二次文献的核心）等。在外语教育科研中，对一个具体研究的问题，文献研究所涉及的范围很广，因此，除了掌握主要的检索工具外，还必须了解手工检索的常用方法。

人们在图书馆查阅资料最常用的方法一般为顺查法和倒查法。

（1）顺查法：按文献发表的时间顺序，由远至近查找文献的方法。其优点是有利于全面掌握有关问题发展过程的全貌，不易遗漏重要文献。研究某一问题的历史沿革、撰写文献综述与评论时多用顺查法。

（2）倒查法：按文献发表的时间顺序，由近到远查找文献的方法。在一个具体问题研究中，如果检索目标明确、限定时空、课题涉及面较窄，就可以用倒查法，其优点是能够较快地了解有关问题的最新动态，节省时间，提高效率。

无论是顺查还是倒查，都应按照课题的时间跨度来决定查找文献的时间跨度，即"远"到什么时候、"近"到什么时候。例如，研究乒乓球的弧旋球技术，要从20世纪60年代开始查，因为弧旋球技术是60年代产生的；如要查背越式跳高技术，也只能从20世纪60年代的外语文献中去查，因为在1968年第19届墨西哥奥运会上，美国的福斯坦里第一个采用"背越式"并以2.24 m的成绩获得金牌。

2. 计算机检索

互联网外语资源搜索引擎按其工作方式主要可分为三种，分别是全文搜索引擎（Full TextSearch Engine）、目录索引类搜索引擎（Search Index/Directory）和元搜索引擎（Meta Search Engine）。

（二）参考文献查找法（追溯法）

它是以文章或专著后所提供的参考文献为线索，追踪查找文献的方法，属于专题检索。这种方法一般是在检索工具不全的情况下采用，但漏检的可能性较大。虽然利用追溯法查找文献不太广泛和全面，但它查找的文献比较集中，有效率相对比检索工具查找法高。

（三）循环查找法（分段查找法）

这种方法是将上述检索工具查找法和参考文献查找法结合起来，交替使用，循环不已。比如，可先采用检索工具查找法，查出有用的文献资料，然后再根据文献中所开列或提到的参考文献目录，查出更早的一些文献。

（四）纵横查找法

这种方法是以某一专业领域的代表性作者为线索，利用检索工具，采用纵向和横向扩大查找范围获取文献的方法。纵向主要是通过检索工具的著者索引，以时间为纵轴，查找有代表性的文献。横向是指在这些代表性的著者文章所属类别下，以学科类别为横轴，查找一些其他著者的文章。此法方便可行，使用效果显著。

一般说，检索工具查找法较适用于检索工具比较齐全的部门或单位；参考文献查找法则较适用于没有检索工具的部门或单位；循环查找法则具有较广泛的适用性。因此，查找文献应根据不同的情况，选择不同的查找方法。

此外，无论我们采用哪一种方法，最后都是要到图书情报机构，通过各种目录查找所需要的文献。因此，学会查阅目录，是文献法的一项基本功。目录是一种题录性的检索工具，一般只列出原文献的题目、作者、出处及文种等（详见表8-1）。

表8-1　　　　　文献的目录种类、分类依据和使用指南

目录种类	分类依据	使用指南
分类目录	据图书内容的学科特点。依照图书情报机构所采用的分类法编制起来的目录	可通过分类目录较快地查阅到同类学科的有关文献
书名目录	按图书名称排列起来的目录	只要知道书名，就可以查到所需文献

续表

目录种类	分类依据	使用指南
著者目录	按著作者的姓名排列的目录	只要知道作者名,就可以查到已编目的同一作者的文章
主题目录	按主题排列目录,相似主题的文章集中在一起	当既不知道所需文献的分类,也不知道书名或著者。而又想查找关于某学科、某专题的文献资料时,就可以查主题目录
备注	中文书目的排序:①音序法;②笔画法;③部首法。西文或俄文的排序:依字母顺序;日文依50音图顺序	

四 互联网检索渠道

(一)中国知网

中国知网包括7个数据库,包括中国期刊全文数据库、中国优秀博、硕士学位论文全文数据库、中国重要会议重要全文数据库、中国重要报纸数据库、中国年鉴全文数据库、中国图书全文数据库、中国引文全文数据库。其中,中国期刊数据库是其中建设最早、资料最齐全、影响最大的一个数据库。中国期刊数据库提供三种类型的数据库,即题录数据库、题录摘要数据库和全文数据库。其中题录数据库属参考数据库类型,只提供目次,可在网上免费检索。全文和文摘数据库需另外付费。目前,已经开通了中国期刊全文数据库(自创刊至1993年)和的CNKI源数据库跨库检索系统(CJFD、CD-MD、CPCD、CCND)。

截至2011年12月31日,累计期刊全文文献2800多万篇。有关检索方法;可点击相应的"帮助"按钮。如果要查看全文,第一次使用前需要先下载全文浏览器。下载全文浏览器需要进入中国知网主页http://www.cnki.net,点击左下方的"下载最新全文浏览器",然后按提示逐步安装。

许多大学图书馆购买了期刊网的使用权（建立了镜像站），校园网 IP 范围内的电脑用户都能通过图书馆进入该数据库免费检索、浏览及全文下载。不在校园网范围内的用户可以通过购买 CNKI 数字图书馆个人检索阅读卡的方式获得检索服务。使用阅读卡检索和下载摘要免费，下载全文仍需要付费。进入 CNKI 主页左方的 CNKI 卡用户服务区，可以通过在线购卡和手机购卡等方式购买阅读卡。

（二）中国人民大学《复印报刊资料》全文数据库

目前，中国人民大学《复印报刊资料》全文数据库提供数据库光盘和网络检索两种方式。

1. 中国人民大学《复印报刊资料》全文数据库光盘

中国人民大学《复印报刊资料》光盘数据库由中国人民大学书报资料中心选编，分成五大类。

《复印报刊资料》全文数据库系列光盘。全文数据库系列光盘共 5 张光盘，第 1 张为马列、哲学、政治、法律、社科总论类（A1—D7），第 2 张为经济类（F10—F9），第 3 张为文化、教育、体育类（G0—L1），第 4 张为数学、物理、化学教与学类（G35—G37），第 5 张为语言文字、文学、艺术、历史、地理及其他类（H1—Z1），每季度更新数据。除了以上 5 张光盘现货供应外，所有专题刊物还可以按用户的选择制作定题光盘。

题录型数据库。包括《复印报刊资料专题目录索引》数据库光盘和《复印报刊资料索引》（总汇）数据库光盘两种。

《中文报刊资料摘要》数据库光盘。《中文报刊资料摘要》数据库是人文社科文献要点摘编形式的数据库。该数据库收集了哲学、政治、法律、经济、教育、语言、文艺、历史、地理、财会等方面的 18 种专题文摘。文摘内容都是经过高等院校和研究单位的专业人员提炼和浓缩的学术资料。数据库以 1 张光盘的形式提供，内容每年更新。

为满足读者的需求，中国人民大学书报资料中心将《复印报刊资料》的热门专题刊物陆续制作了回溯性专题数据库，并以光盘的形式提供给读者。数据涵盖从创刊年延续至今的文献。近期推出的回溯性数据库有：《中国共产党（珍藏版）》（GQD2）、《法学》（GQD41）、《经济法学、劳动法学》（GQD413）、《妇女研究》（GQD423）、《红楼梦研究》（GQJ21）、《鲁迅研究》（GQJ31）、《中国近代史》（GQK3）、《中国现代史》（GQK4）等。

2.《复印报刊资料》全文数据库的在线检索

在《复印报刊资料》全文数据库的基础上，中国人民大学与浙江天宇信息技术有限公司合作构建了基于 CGRS 全文信息服务平台的检索系统；该系统已为许多高校所采用。通过已经购买《复印报刊资料》全文数据库的高校图书馆，可以进入人大报刊复印资料的在线检索页面。

（三）万方数据库

万方数据资源库（http://www.wanfangdata.corn.cn/）是一大型综合性信息资源系统，集数十年的信息采集经验，汇聚九大类100多个数据库，上千万条数据资源，包括中国学位论文全文数据库（试用）、中国学术会议论文全文数据库（PACC）、中国学位论文文摘数据库（CDDB）、中国学术会议论文文摘数据库（CACP）、SPIE 会议文献库、中国科技论文统计分析数据库（CSTPC）、中国科技论文引文分析数据库（CSTPI）、中外标准类数据库、科技成果类等。

（四）国外数据库

CALIS 外文期刊目次数据库（CCC）（http://ccc2.calis.edu.cn/）。Pro. Quest Digital Dissertations（PQDD）（www.proquest.corn）是世界著名的学术论文数据库，是学术研究中十分重要的信息资源。通过前面的搜索引擎可以搜索到许多数据库资源，大部分都非免费资源，但在国内的许多大学都建有镜像点，通过校园网可以免费检索到相关资源。

五　文献资料的阅读和积累

（一）文献资料的阅读

获取研究课题所需要的资料和素材是通过对文献资料的阅读实现的。在这一过程中，不可能也没有精力和时间通读全文，基本的要求和习惯的做法如下。

1. 把握范围，从最近成果读起

这样做可以达到两个目的：一是能更快地了解研究问题的现状，加深对课题的了解和认识；二是最新的研究成果常常包括以前研究的参考资料，可弥补在文献检索过程中重要资料的遗漏，从而提高文献研究的深度和效果。

2. 紧扣选题，掌握重点内容

在阅读文献资料的过程中，应紧扣自己的选题，重点掌握他人文献的研究目标、研究对象、研究方法和主要结论等重要内容，这也称为阅读文献的"四要素"，这一点，对刚刚涉足教育科研的人来说尤为重要。

3. 随读随记，注意阅读方法

为了准确地理解原文献的内容和观点，边读边记，手抄笔录，手脑并用是研究工作中一个非常重要的习惯。研究人员习惯的阅读方法是：

（1）浏览：随手翻翻，对有关文献建立一个初步的概念。浏览阶段应着重文献资料的下列部分：一是看书名、题名、作者、期刊名；二是浏览文献资料的大小标题、段旨、主题句、要点等内容和结构纲目。三是看文献资料的两头（摘要、关键词和结论与建议），以了解作者的写作意图、内容梗概、主要结论与今后研究意向等。

（2）粗读（通读）：对浏览挑选出来的文献资料全部通读。粗读的基本要领是：着重搜寻表达文献基本观点的重点数据、事实；通晓文献资料的研究方法；把握文献资料中的概念框架、观点及其事实、数据与它们的联系。并判断文献资料的质量。

（3）精读：仔仔细细、认认真真地读。精读是对所了解的文献资料内容进行消化吸收的过程，其目的在于理解、鉴别、评价、质疑和创新。它是文献阅读中的关键一步。在精读过程中应伴随积极的思考，萌发与课题有关的联想，并详细地进行书面记录。一个精读过程要经过"读懂、钻深、吃透、发展"等阶段才能完成。

（二）文献资料的积累

1. 文献资料的记录方法

（1）索引：索引只记录文献资料的名称、作者、出版者、出版期、卷期、页码等，供检索使用。

（2）引语：直接抄录文献中的论点、数据、经典材料、精辟的语言、语录等。摘录引语时要力求完整、准确，不能断章取义，甚至连标点符号都不许改动，并要注明完整的出处。

（3）摘要（提要）：对阅读过的文献全文进行概括和缩写。概括的重点是文献的主要内容、方法、论点，可以运用原文献中的一些措辞，但不要加进自己的观点。

（4）提纲：提纲挈领地记录原文献的标题（大小标题）、论点，整理成一个主要纲目。

（5）批注：在原文献资料上加批语、做记号，在文献的空白处写上自己的见解、评语以及质疑等。

（6）札记：阅读文献资料后，把自己的所想全部记下来，就是札记，如感想、批评、疑点等。可见札记已经带有了研究的色彩，是更高一级的记录形式。

（7）概述：用自己的语言概括原文献资料的主要内容、论点，它是文献综述的基础。

（8）感言：也称心得，是在阅读文献过程中的随感，内容广泛，形式多样，篇幅可长可短。

2. 文献资料的记录载体

在现代教育科研中，文献记录载体很多，有卡片、活页、笔记本、剪报、复印，数据资料还可储存在磁盘上。许多富有经验的研究人员建议在文献研究中使用卡片，最好使用电脑，分类储存和管理。总之，可以采用任何自己觉得便利的专门工具，只要能系统地记录所阅读过的文献。

六　文献综述的撰写

文献综述是在全面收集与课题有关资料的基础上，通过归纳整理、分析鉴别，对一定时期内某一学科或专题的研究成果进行系统的，全面的综合叙述和评论，以便更好地论证课题，做好研究设计等有关工作。"综述本身也是一种研究，而且是高一层的研究，这一点已为人们所共识。"（马铁，1991）

（一）文献综述的格式与内容

一般主要有以下四个部分。

一是引言。

即"问题的提出"部分。简明扼要地阐明作者撰写文献综述的目的、意义、范围等，以使读者对随后介绍的内容有所了解。

二是主题部分。

这是文献综述与评论的核心部分，它不仅仅是对与研究主题相关的问题的叙述，而且是对以前相关研究思路的综合。

这部分包括研究主题相关问题的历史发展的叙述和研究现状的分析。

主题部分内容材料的选择要"确凿"——所选材料真实、准确、可靠无误；"切题"——所选材料有明确的定向性，能说明综述的主题，避免泛泛涉猎。"典型"——所选材料有代表性，能很好表达综述的主题；"新颖"——综述材料的时间性，别人没有提过、没有用过的新的动态、信息、事物;"充分"——所选原材料有足够的量,有多篇材料。

三是结尾(小结)。

结尾部分主要是概括作者综合分析后的见解、趋势预测、改进建议及新的设想等,试图留给读者一个清晰的结论。

四是参考文献。

文献综述中的参考文献至关重要。为自己提出的主张、结果和观点提供支持证据或反对证据;表明对他人学术思想和劳动成果的尊重,增强文献综述的可信程度。在可能的情况下应准确、齐全无误地将参考文献列在目录内,如参考文献数量庞大,可只列出主要参考文献。

(二)文献综述与评论的实例

1. 独立的文献综述(标题摘引,供文献综述参考)
2. 作为选题依据的文献综述

在马红宇、王斌《心理控制源与奖赏结构对大学生操作技能的影响》论文中,文献综述作为选题依据,放在论文的"问题的提出"。

第二节 观察法

一 观察法的概念和特点

观察方法是指研究者通过感官或借助一定的科学仪器,有目的、有计划地对自然状态下的客观事物能动地进行系统的考察和描述,从而获得经验事实的一种教育科研方法。

观察是人们认识事物的起点,也是人们认识事物的一种手段和方法。在人类科学发展史上,许多重大问题的发现与提出,许多在实验室条件下无法实现,而只能在自然环境条件下才可能获得的经验事实都来自深入细致的观察。达尔文创立的生物进化论、牛顿对地球引力的发现、现代仿生学的创立,都是建立在观察的基础上。例如,游泳运动项目中的蛙泳、蝶泳就是在观察青蛙和海豚游水的基础上加以模仿的。现代医学中运用CT进行医学诊断；外语教学训练与竞技比赛中用摄像机拍摄教学训练或比赛过程以供研究总结，都是采用观察的一种记录事实的方法。从这个意义上讲，观察是认识发展的基础和源泉，是发现问题的重要途径。因而观察也是获得学校外语教育第一手信息资料和感性认识必不可少的环节，是形成、发展和检验学校外语科学理论的最基本的经验方法之一。

观察法具有以下几个显著特点。

一是观察的目的性和客观性。

科学观察是一种目的性很强的感性认知活动，它总是为了解决一定的课题，实现一定的研究目的而展开。如验证某结论或假设。因此，科学观察有着明确的观察目的和观察对象，是对自然现象中的规律进行积极、主动地考察和描述的认识活动。

二是观察的自然发生及客观性。

观察对象一定要是自在之物，它们是不依赖于观察者而存在的客观事实。对于这个客观存在不应加以任何人为的控制，观察的结果只能是被观察对象的客观反映，一丝一毫的主观影响都不应掺杂其内，这样才能得到客观事物在自然状态下的真实情况。另外，对被观察的对象或过程只有在重复出现的情况下进行观察才具有科学意义。

三是观察工具的性能对观察结果产生重大影响。

人的视觉器官是最重要的观察工具，人们对于外部世界的信息，90%是通过眼睛获得的。

四是观察结果的可靠性与观察者所具有的科学背景、认知能力及有关技能水平直接相关。

由于人们认知结构（有关经验、认识理论和背景知识、技能训练程度等）的不同，不同的观察者即使是对同一现象的观察，其观察结果很可能是见仁见智，未必尽然统一。

二 观察法的分类

按照不同的分类标准,观察法可分成不同的类型。

(一) 按对观察对象分析的全面性来分

1. 一般观察

一般观察又称为全面观察,指对进行全面的、整体的观察;虽不采用特殊的技术,但对对象的观察往往较细致、全面、系统。最早,对儿童的研究就采用了这种观察法。在早期的这类研究中,最多见的是观察日记,即对于儿童的发展做详细描述。如达尔文(C. Darwin)在关于他儿子多边行为发展的日记中,对从多边的、最早的反射活动直至推理、道德判断等复杂行为都进行了详细记录;我国教育学家陈鹤琴从儿子陈列鸣出生的第二天开始,就对其身心发展进行了长达 808 天的连续观察,并进行了文字、摄影记录,内容包括幼儿反射性动作、行为、能力、情绪、言语、知识、思维等各方面的发展情况,共 354 项在儿童发展中具有重要意义的事件,并著成《儿童心理之研究》(1925 年),这是我国学者采用长期观察、追踪记录的方法,首开对儿童身心发展规律进行个案系统观察研究的先河。

2. 系统观察

系统观察又称为重点观察,指对观察对象的某个或某些方面(或某种行为)进行连续的定期观察研究,是一种有目的、有计划的重点观察,而不是全面整体的观察。例如哈佛大学的布朗(R. Brown)领导的一项关于儿童与母亲的自然语言交往的研究,研究者每隔一周访问一次儿童的家庭,每次至少观察记录两小时,历时两年,使人们对儿童的语言获得的典型过程有了基本的了解(1964 年);我国北京大学心理系吴天敏、许政援教授则对儿童从出生到 3 岁的语言发展进行了观察记录,他们采用了两种方法:一种是每隔一周记录一次,另一种是在和儿童的日常生活接触中随时观察记录。该研究持续 3 年,也得出了3岁前儿童言语发展的某些规律。

(二) 按对观察对象的直接程度来分

1. 直接观察

直接观察指观察者在研究对象行为发生的现象时直接通过感官来获得事实资料的观察方法。有时为了能更准确地对观察结果进行分析,也可同时借助于仪器(如摄像机、录音器材等)使观察结果得以保留下来,以便于反复观察。这是教育教育科研中使用最多的一种观察方法。直接观察的最大优点是自然、真实;只要观察对象不是刻意作秀,不是在"表演",那么得到的资料就是对实际行为的客观记录。随堂听课是最典型的直接观察,对幼儿的观察也往往采用这种方法。

2. 间接观察

间接观察指研究对象或行为、事件发生当时,观察者并不在现场,而是通过对某些特定现象的观察而获取相关资料,或根据仪器的记录来推断研究对象的状况的观察方法。例如,可通过与父母、教师、监护人的谈话来了解儿童的行为,夏弗(Schaffer)和埃默森(Emerson)关于婴儿依恋行为的研究(1964年)即是通过对37位父母、教师、监护人进行每周4次的访谈,得出了婴儿依恋行为的重要资料。采用对以往事件的回溯报告进行分析,也是间接观察的一种,如通过拍摄某些活动性的或保持时间较短的活动(外语运动中的一些动作,如举重时的身体角度、投掷时的出手角度等),借以分析、推断动作的合理性和有效性。直接观察和间接观察结合使用,就可使观察更完整、严密和精细。

(三) 按是否设置、控制观察情境来分

1. 自然情境观察法

自然情境观察法指在自然发生的条件下,对观察对象或活动不施加任何影响或控制时进行观察的方法。该方法的特点是真实,但偶然性较大,难以得到系统的结果。

2. 实验观察法

实验观察法指在人为设置或控制的条件下，对观察对象或活动进行观察的方法。该方法既可在实验室内采用，也可在自然条件下，人为加以控制使用。实验观察法由于控制了变量条件，所以它虽然仍以观察对象的"自然表现"为观察内容，但事实上已是一种实验研究方法，是一种观察法和实验法的结合，可以更好地发现、观察对象的本质特征。

（四）按观察者是否直接参与观察对象的活动来分

1. 参与观察法

参与观察法是指观察者深入观察对象中，以其中一员的角色参加活动，观察对象集体也对此认同，在此条件下进行的观察，可以获得"局外人"所无法获得的观察资料。如上海某高校的全体辅导员深入学生中，与学生同吃、同住，由此而获得了学生思想活动的真实情况。参与性观察得到的资料是第一手的，应该翔实、可靠，但由于观察者本人成为其中一员，所以其对观察结果的判断有时会受到影响，好似戴"有色眼镜"，不够客观。

2. 非参与观察法

非参与观察法是指观察者以纯观察者、研究者的身份对观察对象的观察。

（五）按观察对象的数量或时间来分

1. 抽样观察法

抽样观察法是指根据研究目的，从研究对象的总体中抽取有代表性的样本来作为观察对象的方法。样本既可按行为、事例年，即特定的教育活动情境来抽取；也可按时间，即特定的活动发生时间依比率来抽取。我国学者曾采取按行为事例年抽样的方式来观察儿童的独立性、助人行为、依赖性、攻击行为和友好行为（1984年）；而上海电视台对学生课余时间如何安排做抽样调查的节目，则按时间抽样的方式来间接观察学生的负担（1998）。

2. 追踪观察法

追踪观察法是指对研究对象进行长期、系统、全面的观察方法。这种方法需时较长，虽然一时可能得不到研究结果，但长期积累对探究观察对象的规律性则起到了别种观察研究所起不到的作用。前述我国教育家陈鹤琴即采用此法追踪观察研究其儿子的身心发展。我国学者采用此法对众多超常儿童个体进行了追踪观察，探究超常儿童成长和教育的规律（1998）。

（六）按观察活动的标准化程度来分

1. 有结构观察法

有结构观察法是指有明确目标、具体要求、详尽计划、步骤和方案的观察方法。以该方法取得的结果因其观察的周详、精确，而便于比较分析，并可与实验法结合使用。

2. 无结构观察法

无结构观察法是指对观察对象无明确的目的要求，也不确定具体观察方案，不施加控制，随时可根据观察者的需要而采取灵活的方式来进行的观察方法。

以上种种不同的观察法分类，仅是依据不同分类标准而划分的，各种不同的观察法均是相互联系、互为依存、互有交叉的，不存在互不相关的独立形式。因而，在制订观察计划时要充分考虑采用多种方式的观察法，以得到更满意的效果。

三 观察的原则

（一）目的性原则

有无明确的观察目的，其观察的效果大不一样。有道是，内行看门道，外行看热闹。带着特定的问题去观察学校外语教学训练中的某一现象，譬如，学生对待耐力跑练习的学习行为及态度方面的问题，其观察的全面性、细致与深刻性是漫无目的的观察所无法比拟的。因此，在进行观察前，要根据研究目的与任务确定观察对象、观察条件、观察范围和观察方法，以保证观察有目的地进行。

（二）客观性原则

观察的客观性是进行观察最基本的要求。即是要坚持实事求是的科学态度，按照客观事物的本来面目去反映事物，以确保观察结果的真实与可靠。这就要求观察必须避免先入为主的主观臆断和片面性，不能择己所好，排斥不利于自己结论的材料。同时对使用的观察仪器也必须进行校验，避免因仪器的误差而造成的假象和错觉。

（三）系统性原则

观察的过程应是被观察事物、事件相继发生的全面、系统的过程，不能任意间断、任意分割。局部或阶段性的、偶然而不能重现的观察现象及结果，都不能客观地反映事物的全貌和揭示事物内在的变化规律。例如，对一个学生本学期的外语课学习态度的评价，就必须根据对他在整个学期的外语课出勤率、遵守课堂纪律、参与身体练习的积极努力程度、学习协作精神等情况的全面观察，才可能对该生本学期外语课的学习态度做出客观、全面的评价。

（四）严格定义原则

观察指标应严格筛选，准确定义。在观察的具体实施中，要统一仪器操作规定、统一观察指标、观察尺度和观察标准，以提高资料的历时性及可比性。尤其是由多人研究同一问题时更应如此，这样可较大程度地避免在操作方法、观察条件（观察位置、角度等）和观察技术上可能产生的观察误差。

（五）局限性原则

观察方法在教育科研中有其局限性。这种局限性主要表现在观察者的认知结构、观察特点（不能对观察对象施以任何影响）和仪器功能的局限性等方面。因此，研究者应注重不断地丰富与更新自己的知识体系，提高自身的认知能力，以完善观察系统。在条件许可的情况下，应尽可能使用高、精、尖的仪器和先进的科学技术与方法，以提高观察的精度和信度。由于观察法自身的局限性，我们通常观察到的只是在自然状态下所发生的事件，而对特殊情况下的事件则无法了解。然而在这些特殊或偶发事件的背后，很可能存在着某种人们尚未发现的必然规律。科学史上的一些重大发明创造，也正是因为研究者在观察中善于捕捉某些偶然发生的特殊现象而取得的。因此，我们对在自然状态和特殊情况下所产生的事件都应予以重视，两者不可偏废。为了解决这个问题，就必须结合实验的方法进行观察研究。

四　观察法的基本程序及要求

观察法的实施，大体上包括制订观察计划、观察前的准备、观察的组织与实施、观察材料的整理等四个步骤。每个步骤不仅有各自不同的任务和具体要求，而且各自需要采用不同的方法，只有对这一完整过程各个环节实行严格控制，才能获得理想的观察材料。

（一）制订观察计划

1. 观察的目的与任务

观察目的大致可分为两种：

（1）收集、寻找对研究题目有价值的事实材料，以寻求证实科学假设的事实依据。

（2）通过观察去发现问题。发现问题的本身就是观察目的。例如，外语教学检查或观摩课、学生体质情况的调研报告等就属于这一类。观察任务则是指为了实现观察目的而要解决的一些具体问题。

2. 观察对象

如果要了解一所学校学生课余外语活动的情况，就首先要确定所要观察的学校和范围，以及抽取观察对象的方法等。被选取的观察对象既要具有特殊性，又要具有普遍性，也就是说不经要有自己的特点还要代表大众的要求，同时还要保证观察对象的数量和质量。

3. 观察指标

选择观察指标时，应注意以下几个方面问题：

（1）指标的客观性：即所选指标能够反映研究对象的客观存在，大家又都能用同样的方法去观察或测量使其重复出现，而不受个人主观因素影响。

（2）指标的有效性：即选择的指标能够正确反映观察任务的需要；体现观察事物的本质特征；反映观察对象的主要因素。

（3）指标的标准化。即选择的指标定义标准化；观察测量方式标准化；观察步骤标准化；观察记录标准化。指标标准化的含义不仅仅是指上述各项均有其操作的统一标准，而且也包括这些标准的科学性和被公认性。

（4）指标的可操作性（可行性）：即选择的指标既能满足研究的需要，又能付诸实施并便于具体操作（指标选择的物质基础与操作技术条件）。

4. 观察记录方法

要求事前要制定详细的观察计划和确定相应的方法。观察记录方法的设计包括：观察记录表格的设计；记录符号、标准、精确度的确定和统一，并按信息种类分类。以便在观察完毕后进行统计和分析处理。

（二）观察前的准备

在观察开始之前，研究者需要先做一些必要的准备工作，如：确定观察的问题，制定观察计划设计观察提纲等。

1. 确定观察的问题

在实施观察之前，研究者首先应该确定观察的问题。观察的问题是研究者在确定了研究的问题之后决定选择使用观察的方法，根据观察的需要而设计的、需要通过观察活动来回答的问题。提出观察的问题的目的是回答研究者的问题。研究的问题可以是一个比较抽象的问题，而观察的问题则应该比较具体，根据这些具体可操作的问题，研究者才可能设计自己的观察计划和观察提纲。

2. 制定观察计划

观察的问题确定以后我们可以着手制定一个初步的观察计划，一般观察计划，包括以下几个方面。

（1）观察的内容、对象、范围：我计划观察什么？我想对什么人进行观察？我打算对什么现象进行观察？观察的具体内容是什么？内容的范围有多大？为什么这些人、内容、现象值得观察？通过观察这些事情，我可以回答什么问题？

（2）观察地点：我打算在什么地方进行观察？观察的地理范围有多大？这些地方有什么特点？为什么这些地方对我的研究很重要？我自己将在什么地方进行观察？我与被观察对象之间是否有距离？这个距离对观察的结果有什么影响？

（3）观察的时刻、时间长度、次数：我打算在什么时间进行观察？一次观察多长时间？我准备对每一个人或地点进行多少次观察？我为什么选择这个时间、长度和次数？

（4）方式手段：我打算用什么方式进行观察？是隐蔽式还是公开式？参与式还是非参与式？观察时是否打算使用录像机、录音机等设备？使用这些设备有何利弊？

（5）效度：观察中可能出现哪些影响效度的问题？我打算如何处理这些问题？我计划采取什么措施获得比较准确的观察资料？

（6）伦理道德问题：观察中可能出现什么伦理道德问题？我打算如何处理这些问题？如何使自己的研究尽量不影响被观察者的生活？如果需要的话，我可以如何帮助他们解决生活中的困难？这么做对我的研究会有什么影响？

3. 设计观察提纲

初步计划拟定以后我们可以编制具体的观察提纲，以便将观察的内容进一步具体化。观察提纲应该遵循可观察原则和相关性原则。针对这些可以观察得到的、对观察问题具有实质意义的事情进行观察。通常观察提纲有以下六个方面：谁？什么？何时？何地？如何？为什么？

（三）观察的组织与实施

实施观察阶段的任务是按照观察计划进行资料的收集工作。在实施观察过程中原则上应按照预定的观察计划有步骤地进行，若遇到意外变化应由课题负责人及时进行统一的调整和修订，以保证圆满完成观察任务。实施观察时应注意以下几点。

1. 选择最适当的观察位置

观察位置选择是否恰当，直接影响观察的效果。所选择的观察为只要在不影响被观察者正常活动的情况下又要将所观察对象的情况全面清楚地观察到。例如，观察课的整个进行情况，就应选择有利于清楚、全面地观察整个课的进程及全班学生完成外语学习活动整体情况的观察位置，其观察的距离可稍远一点。如观察外语教师的组织教学情况，则应在不影响正常的教学进程的情况下，选择距离稍近的观察位置，以听清楚教师的讲解内容、练习要领及要求、分组与教学指导的情况。

2. 注意力集中，善于捕捉时机

及时抓住时机，尤其要随时注意突发状况和时间内的出现，也许会为所要观察的事物提供新的问题和新的观点。

3. 分工明确，各司其职

在观察内容较多时，观察人员可分组观察。分组观察室分工要明确，分组人员的执行标准、使用的记录方法和符号要保持高度统一，以便于日后进行分析和整理。

4. 及时做好记录

观察中的记录务必及时、准确、无误、清楚，不能依赖与自己脑海中的记忆。要有统一的操作规范，文字要精确、简练。可利用录音机、计算机、视频录像等辅助记录。

（四）观察材料的整理

如果想从中找出事物的客观规律，还要对观察材料进行分析整理。

外语工作者在观察活动结束后，首先要对观察记录要全面审核，对漏记的数据或者指标，可以结合他人的观察记录进行补正，而对可能错误的材料要及时进行剔除，而缺少依据的材料也要进行删除，以免总结出的论点与整个观察过程有所差距。

第三节　问卷调查法

问卷调查法又称为问卷法，提前设定若干问题，以书面形式来询问调查对象，或让其填写，然后对所得材料进行统计分析，得出结论的研究方法。问卷法是外语教育科研中常用的一种收集材料的方法。

一　问卷调查的特点

（一）标准化

问卷调查一般都是标准化调查，都有一定的模式，要求内容、结构要求必须一致。

（二）间接性

问卷调查一般是间接调查，即调查者一般不与调查对象直接见面，而由调查对象自己填答问卷。

（三）书面回答

不管是调查对象自己填写问卷还是由被调查者来填写，问卷调查一般是书面回答的方式来完成的。

二　问卷调查的类型

调查问卷，按照问卷填答者的不同，一般可分为两种形式，即自填问卷和代填问卷。

三　调查问卷的结构

调查问卷由封面信、指导语、问题与答案、编码及其他资料等组成。

（一）封面信

封面信是调查问卷的自我介绍信，内容包括调查者的姓名、单位、身份和电话等，其所要调查的内容和意义，为了能够引起被调查者的兴趣，封面信的语言一定要诚恳、亲切，文字要清晰、明朗。封面信一般会作为调查问卷的首页出现，也有的会是以一封信的形式放在问卷的前面。

（二）指导语

指导语是用来指导调查对象填答问卷的各种解释和说明，其作用和仪器设备的作用说明类似，主要是说明填表的方法、要求、注意事项等。指导语是针对问卷填写而提出的，要求语言表述清楚、简明扼要。举例说明。

填答说明：

1. 请在每一个问题后适合自己情况的答案号码上画圈，或者在＿＿处填上适当的内容。

2. 若无特殊说明，每一问题只能选择一个答案。

3. 填写问卷时，请不要与其他人商量。

（三）问题与答案

问题与答案是调查问卷的主要组成部分，包括提出的问题以及提供回答问题的选项。从形式上看，问题可分为开放式和封闭式两大类。

你喜欢看哪类外语节目？

A. 新闻节目　　B. 外语节目　　C. 文艺节目

D. 教育节目　　E. 其他节目

有时将两类问题结合起来，可以引起调查对象的兴趣和自信心，起到更好的调查作用。

四 调查问卷的设计

要提高问卷的回复率、有效率和回答质量，在设计问卷时要注意以下几个方面。

（一）表述问题的基本原则

（1）具体性原则：即问题的内容要具体，不要提抽象、笼统的问题。例如"你的外语价值观是什么？"，一般的调查对象是无法回答的。

（2）单一性原则。

（3）通俗性原则。

（4）准确性原则。

（5）客观性原则：即表述问题的态度要客观，不要带有诱导性或倾向性言辞。如"你喜欢教师这一受人尊敬的职业吗？""你喜欢外语吗？"等就明显带有倾向。此类问题不宜在问卷中出现。

（6）非否定性原则：即要避免使用否定句形式来表述问题。例如"你是否赞成在公共场合严禁吸烟？"回答"是"的人很可能是不反对在公共场所吸烟的人，而回答"否"的人则可能反对在公共场合吸烟的人。

（7）自愿性原则：凡调查对象不可能自愿、真实回答的问题，都不应该正面提出。如询问运动员"你服用兴奋剂吗"这类问题就不要正面提出。

（二）调查问题的排列

（1）按问题的性质或类别排列。（2）按问题的复杂程度或困难程序排列。（3）按问题的时间顺序排列。此外，还要注意问题的安排要有逻辑性，要将检查信度的成对问题分开等。

五　电话调查法

（一）电话调查法的优点

1. 调查对象的指定性弱

电话调查中使用随机数字拨号抽样是当今调查界通用的标准。通常，随机数字拨号样本被认为是城市中 18 岁以上、非机构化人群的代表。

2. 地域、范围广

通过电话收集材料，调查者可以达到的地域比他在面访时所能调查到的地域更为广泛。

3. 应答率高

电话调查的应答率比邮寄调查问卷的应答率高得多，但普遍认为它比面访的应答率低。然而，特别是对于一些敏感问题，如外语兴奋剂问题，调查对象可以坦诚地回答。

4. 容易控制实施的质量问题

对补充调查对象不需要特殊的读写能力，只需通过语言的沟通及访问员的正确引导，就能够准确地回答问题。

（二）电话调查法的缺点

1. 抽查个体与目标总体不一致

抽样总体实际是全体电话用户，而要调查的目的总体可能包括所有有电话和没有电话的消费者。在中国，城市的电话普及率相对较高，而在农村特别是边远地区，电话普及率相对较低。因此，在中国实施电话调查，样本的代表性问题是一个致命的缺点。

2. 调查的内容难以深入

由于电话访问的时间不宜过长，问题也不宜太复杂，难以调查比较深入的问题。因此，电话调查的问卷一般都比较短，以提高调查对象的应答率。

3. 访问的成功率比较低

尽管电话调查的应答率较高，但随机拨打的电话可能是空号、占线或错号；调查对象不在或正忙不能接电话，造成访问的成功率较低。

（三）电话调查法的应用范围

1. 热点问题或突发性问题的快速调查

例如，对中国成功申办 2008 年奥运会的评价，中国足球的黑哨、假球等问题的反应等。

2. 关于特点问题的消费者调查

例如，大众对某一运动品牌的认可程度，某一产品的在大众中的影响力等。

3. 对一些特殊群体的调查

例如，电信公司对移动用户选用手机时的品牌取向等。

4. 企业调查

例如，企业了解大众对其生产的产品的看法等。

六 网上调查法

互联网的发展把我们带入了网络经济时代，传统的调查理论与国际互联网技术结合的要求，使得网上调查法应运而生。

（一）网上调查的主要方式

（1）e-mail 法；（2）web 站点法；（3）net-meeting 法；（4）inter phone 法

（二）网上调查法的优势分析

1. 即时性和共享性

网上调查是建立在 Internet 技术基础上的一种调查，它使得调查方案的实施变得便捷起来，比如 inter phone 法，仅仅需要很短的时间，相对于传统的邮寄问卷的调查方法，大大提高了时效性，调查者能够在极短的时间内看到调查结果，几乎与填写问卷的调查对象同时，即调查对象一填完问卷，调查者几乎可以马上收到问卷，这对某些对时效性有要求的问卷很很有必要的。

2. 便捷性和低成本

实施网上调查可以节省大量的人力和物力，相对于传统调查而言，更便捷，更经济。无须派专人值守和统计分析调查结果，这些只需要通过计算机就可以完成，大大地减少了人力、物力和财力的投入，减少了成本。

3. 可靠性和客观性

调查者实行网上调查时，调查对象可以选择是否接受调查，自主自愿。没有与调查者面对面的压力，调查对象也更容易接受调查，而对调查者提出的一些比较隐私的问题也更容易接受并且回答，因此，调查者获得的材料的可靠性和客观性也就大大提高了。同时，网上调查还可以避免传统的问卷调查由于人为错误而导致结果出现偏差，甚至会导致所出现的结论与真实结论大相径庭。

4. 更好的接触性

网上调查可以接触到调查人员可能会较少接触到的群体，而且通过网上邀请的话还可以邀请到平时常人难以接触到的一些名人要员做客聊天室，进行"面对面"的交流或者深入的探讨某些问题，这些都是传统的调查方式无法做到的。目前，一些大型的网站的日访问量可能达到百万之多，也就说可以调查的对象也能达到百万，辐射率和覆盖率要大大的高于传统调查方式。

七 专家调查法

专家调查法，也叫作特尔菲法，是指调查者针对某些问题（如方案、指标、教学内容、教学手段方法等）向专家进行咨询调查，依靠专家的专业知识、实践经验、创造性智慧，采用系统的逻辑方法和匿名问卷的形式。背靠背地分别对事物进行评估与分析、预测与判断，从而获得客观、可靠的意见与信息的方法。

（一）专家调查法的特点

1. 匿名性

采用匿名书面问卷的方式进行调查、预测。在这一过程中，专家与专家彼此不交流，以消除专家在心理、知识、经验、权威等方面的相互影响，使其充分独立地发表各自见解。

2. 反复性

在有控制的情况下进行多轮次的反馈征询，并将每次征询的意见整理归纳后，反馈给各专家。多次的综合与反馈，既集中了主要意见，又不排除少数意见，达到了提高调查结论可靠性的目的。

3. 反馈性

轮间反馈是征询专家意见的一个重要过程。由于系统隔离使专家之间缺少互相启发，于是便采用轮间反馈的形式，即将每轮汇总的意见再反馈给专家，供下一轮应答参考，以便达到互相启发的效果。

4. 定量性

对每一轮的调查结果，研究者要采用一定的统计方法进行统计处理，对预测意见做定量分析，对预测结果做定量评价。该法可直观预测范畴，是定性预测技术。但它并没有停留在定性水平上，而是在专家定性分析的基础上，利用相应的方法做出定量评价，得出预测结果。

5. 集体性

调查结论不是个别专家的意见和建议，而是多名专家的集体意见和建议。

（二）专家调查法的基本程序

就某一需要调查的问题，选择若干专家，就此问题发表意见，经过几轮反馈，最后获得调查结果（图8-1）。

1. 根据调查主题设计调查表

调查表是调查信息的主要来源，因此，根据调查主题设计专家应答问题调查表，是专家调查法的重要环节。编制调查表，首先要对问

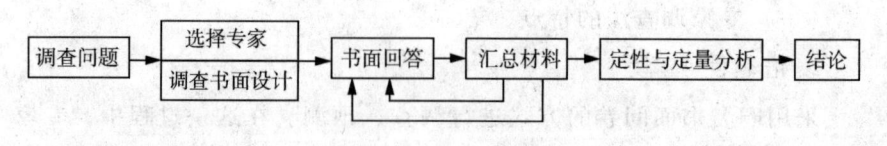

调查问题 → 选择专家 调查书面设计 → 书面回答 → 汇总材料 → 定性与定量分析 → 结论

图 8-1　专家调查法程序

题进行分类。问题一般可分为三类。

（1）要求做出定量估价的问题：如事件完成的时间、事件的概率、技术参数等，对这类问题的调查，要求给出定量的估计。

（2）要求做出一定说明的问题：这类问题可以有三种回答要求：要求做出肯定式回答；要求做出推断式回答；要求做出有条件的回答。

（3）要求做出充分说明的问题：对预测主题做出论证一览表。

2. 选择专家

选择专家是专家调查法的关键。如果所选专家对调查主题不具有广博的知识，那么他很难提出正确的意见和有价值的判断。然而物色很多对调查主题所涉及的领域有很深造诣的专家又很困难。所以，在选择专家时，必须明确以下几个问题：

（1）什么叫作专家：从统计概念出发，在本领域内连续工作10年以上的人员就是专家。在选择专家时，不要把专家与权威混为一谈，若把专家范围划在很小的一个圈子里，则将妨碍预测工作，得不到足够充分的信息，影响预测精度。

（2）如何选择专家：据国外统计，专家调查表的回收率只有50%。这就是说，并非所有专家都愿意参加预测。为提高回收率，可以先发邀请函，探询专家是否能够参加预测，并让他推荐几位专家。

专家人数视调查问题的需要而定，一般以20—50人为宜。人数太少，会限制学科的代表性，缺乏权威，影响预测精度；人数太多，难以组织，对结果的处理比较复杂，工作量太大。对大型项目或重大问题，专家人数也可以扩大到百人以上，用计算机处理资料。

3. 实施调查

使用该法进行预测，通常经过四轮征询，专家们的意见便相当一致。有时人们认为不必进行四轮调查，只要专家的意见一致就可以了。

第一轮调查，调查表不应带任何暗示等"框框"，只要求专家对调查表中的问题答。

第二轮调查，要求他们提出更加明确的意见。

第三轮调查，对第二轮意见进行整理后再反馈给每一位专家。这些经过整理的意见并不具体说明谁的意见是什么。而只是说有几种什么意见，供专家作下一轮应答时参考。

第四轮调查，将第三轮意见的整理结果作为反馈信息再次发给专家，由专家再判断。最后把第四轮的调查结果进行统计整理，做出调查结论。

4. 及时整理反馈调查的结果

对每轮专家调查后，研究者应对每个问题的回答进行统计整理。并将统计结果随下一轮次的调查问卷反馈给各位专家，为专家提供有益的参考。

5. 信息的汇总和统计

经过3—5轮的调查反馈，专家的意见逐步走向集中，最后形成了较为统一的结论。

八 访谈法

（一）访问调查法

1. 访问调查法的概念及特点

访问调查法是运用有目的、有计划的口头交谈方式向被调查者了解情况、收集资料的方法。访问调查法的主要特点在于：调查者与被调查者是采用对话、讨论等面对面的交往方式，整个访谈过程是调查者与被调查者互相影响、互相作用的过程。一方面是调查者通过提问等方式作用于被调查者，另一方面又是被调查者通过回答等方式反作用于调查者。调查者收集的资料、形成的看法会受到被调查者的回答和态度的影响，而被调查者的回答也会受到其对调查者看法的影响。这一互动过程实际上是人际交往和人际沟通的过程。访问调查法的这一特点决定了在整个访谈过程中不仅要善于运用交谈的技术，而且还要善于运用人际交往的规则和技巧。因此，访问调查法是较观察法难度更大、技巧性更强的一种收集资料的方法。

2. 访问调查的程序与技巧

一般来说，访问调查大体可分为访问准备、进入访问、访问过程的控制及技巧、访问记录、访问几个阶段，下面介绍各阶段工作的特点及具体的访谈技巧。

（1）访问准备。

①设计访问提纲和问题。应根据调查的目的、任务和内容等设计访问提纲，然后将粗线条的访问提纲具体化为一系列访谈的问题，这是访问调查成功与否的关键步骤。

②选择并了解访问对象。访问准备的另一个重要内容就是确定适当的访问对象，并对他们进行初步了解。访问对象的选择应服从访谈内容的需要，既要有代表性，又应是最熟悉情况的人，一般多采用概率抽样的方法抽取调查对象。访谈对象选取后，还应尽可能了解被访问对象的基本情况，如年龄、性别、职业、文化程度、专业、兴趣等。访问前对被访者了解得越多，访谈时越主动。

③确定访问的时间与地点。访问的时间应选择被访者工作、学习、劳动、家务不大繁忙且心情比较舒畅时进行。访谈地点的选择应以便于被访者准确回答问题并能够畅所欲言为原则。一般来讲，工作、学习方面的问题。应在单位谈为好；有关个人和家庭方面的问题，则在家中谈为宜。最好选择能够单独与被访者个别交谈、不被其他人打扰的场合进行访谈。

④与访问对象所在地的有关管理部门取得联系。在进入访谈现场

之前，应与访问对象所在地的有关管理部门取得联系，争取他们的支持与合作，并约定好访问时间。如访谈对象是中学生，应事先通知学生所在学校的领导、任课教师，取得其同意和支持。

⑤准备必要的用具。临赴访问现场前的最后准备工作是准备访问所需用具，如纸、笔、调查表格、录音机等，被访者名单、地址及调查者的证件等。

（2）进入访问。

进入访问是访问的开始，第一步是接近被访者。首先遇到的问题是如何正确称呼被访者，称呼恰当，会唤起对方的好感；称呼不当，可能会闹出笑话，甚至引起被访者的反感，拒绝你的访问。称呼时要符合双方的亲密程度和心理距离，做到尊重恭敬、恰如其分。在称呼之后，要立即作自我介绍，说明来访的目的以及此项调查研究的重要意义，必要时还应讲明保密措施，消除被访者的顾虑，取得被访者的接受、支持与合作。在这一阶段，最容易出现被访者拒访、不耐烦、拘束无言等现象，为了打破僵局，创造良好的气氛，在正式访谈开始前可与被访者谈一些轻松幽默的话题、众所周知的新闻话题及对方熟悉并有兴趣的话题进行交谈，待拘束感消除后，再提出访谈所要了解的问题。

（3）访问的控制及技巧。

①提问的技巧。提问是访问调查的主要手段和环节，它在访谈过程中占有重要地位。

提问的顺序。访谈中的提问应遵循先易后难的原则，先提简单的、较容易回答的问题，再提较复杂的问题。

提问的方式。对于一些简单的问题，可以大胆地向调查对象提出，反之，对于一些比较敏感、复杂的问题，则比较适用于使用迂回的方式。对于一些性格开朗大方的被调查者，可以单刀直入地提出问题，而对于那些在思想上顾虑重重，性格又比较孤僻、多疑的调查对象，则要谨慎待之。在与被访者互不熟悉、尚未建立基本信任和初步感情时，一般应采取耐心、慎重的方式提问。

提问的语言。提问的语言应努力做到"一短三化"。"一短",话语应尽量简短;"三化",即通俗化、口语化、地方化。不宜过多地使用专业术语、书面语言和"官话"。提问的语速应适中,语气中立,尽量避免对问题作解释。

②追问的技巧。追问是对第一次提问的补充或进一步提问。当被访者对问题的回答含混不清、答非所问、前后矛盾、欲言又止时,可采取追问的方式;当回答不真实、不具体、不完整、不准确时,也需要进行追问。追问的目的是使被访者做出更真实、更完整、更充分、更深入、更准确的回答。正面的、直接的追问方式是一种比较尖锐的方式,容易引起被访者的反感,应慎用。追问宜采用侧面的方式,即换一个角度、换一个方向、换一种提法去追问相同的问题。追问的运用要适度,追问的语气应缓和,追问的时机要适当。

③引导的技巧。引导不同于追问,它的作用不在于直接获得资料,而是在于控制好整个访问过程,为收集资料创造良好的氛围。在访谈过程中起调节、导向和转换等作用的语言和行为都属于引导,它是访问者控制访谈过程的重要手段。

对访谈气氛的引导。访问者应使访谈在和谐与信任的气氛中进行,为了做到这一点,可采用意会反映技术的技巧。访问者在交谈过程中要善于对被访者的回答做出恰当的反映,可适当地运用"嗯""对""讲得好"等语言信息,或者用点头肯定的目光和手势等非语言信息鼓励被访者讲下去,表现出与被访者的沟通和理解,并能控制访谈按需要的方向进行。

离题太远时的引导。在被访者滔滔不绝而又离题过远的时候,访问者应注意适时利用被访者谈话时句与句的转换时刻、思维的停顿时刻,有礼貌地插话,把话题重新引导到所要了解的问题上来。插话引导可采用正面的方法,如"对不起,您刚才谈的问题我们可以待会儿再谈,下面我还想了解的是……"也可采用迂回的方法,如"您刚才谈的我很感兴趣,那么,您对……又是怎么看的呢?"通过插话,把被访者的话题、思绪拉回到原主题上来。

④打破冷场的技巧。如果被访者多以"不清楚""不了解""不知道"的方式回答问题，访谈就会出现冷场。怎样打破冷场状态呢？这就应具体问题具体对待。如果是被访者有思想顾虑，就应弄清顾虑所在，采取对症下药的方法消除顾虑；如果是被访者对提出的问题不明白、不理解，应用对方能够理解的语言对问题做出解释和说明。只要访问者积极主动地引导，冷场总是可以控制的。

⑤表情与动作的控制。访问技巧也包括表情与动作的技巧。访问者通过肢体语言对访问过程的控制。如连连点头，表示"很对""同意"，匆匆记录，说明对方讲的内容很重要，对这些内容很感兴趣。这些动作都意在鼓励被访者继续谈下去。在访问中，访问者应自始至终使自己的表情谦虚、诚恳、耐心、有礼貌，要尽量做到喜怒哀乐皆与被访者共鸣。切忌边听边打哈欠，或目光游离、三心二意、盛气凌人等消极表情的出现。

（4）访问记录

访问的目的是获取资料，在访问调查中，资料是由访问者记录而来的。记录方式分为当场记录与事后记录两种。当场记录是边访问边记录，努力记录下被访者回答的原意，这种记录方式需征得被访者的同意方可进行。当场记录的资料客观较完整，但容易疏忽对方肢体语言所表达出来的信息；由于专心记录，很可能忽略了对访谈的控制与引导。如果被访对象允许录音，则既可获得最完整、详细的资料又可使访问者摆脱记录而专注于谈话。采用访问调查方式收集资料时，如有可能，最好是一人谈。事后记录是在访问之后进行记录，他可以保持访问者与被访者的互动，提高对无记名的相信程度。但这种记录客观性较差，而且容易失去许多信息。

记录除调查对象的回答和陈述外，还应记录下被访者表情、行为、参与态度和自己在访谈中产生的感受和思考，这对今后的研究是十分有用的。

217

（5）结束访问

结束访问是访问调查的最后一个环节，做好结束工作应注意两个问题。一是应适可而止，即访问时间不宜过长，要确保访谈在良好的气氛中进行，一般以 1—2 小时为宜。但也不能机械照搬，如果被访者有紧急事需处理，或疲劳了、厌倦了，或来了客人需要接待等，就应立即结束访问。二是善始善终，要对被访问者表示感谢，感谢他对调查工作的支持。

访问调查从准备工作开始，经过提出问题、听取回答、引导和追问到访问结束，这就是一次访问调查活动的全过程。在这个过程的每一阶段，都有许多访谈技巧问题，熟练地掌握这些技巧，有助于提高访问调查的质量和效率。

（二）集体访谈法

1. 集体访谈法的概念及特点

集体访谈法又称调查会法，它是调查者邀请若干被调查者，通过集体座谈的方式收集资料的方法。集体访谈法所访问的不是单个的调查对象，而是同时访问若干个调查对象，是通过与多个被调查者的集体座谈来了解情况、收集资料的。集体访谈的过程，不仅是调查者与被调查者相互作用、相互影响的过程，同时也是被调查者之间相互作用、相互影响的过程。因此，要求调查者不仅要有娴熟的访谈技巧，而且应具有组织和驾驭调查会议的能力。集体访谈法是较访问调查法层次更高、难度更大的调查方法。

2. 集体访谈法的实施

（1）集体访谈前的准备。

采用集体访谈即开调查会的方法收集资料，由于参加会议的人员较多，会议时间有限，因此，必须认真做好会前的各项准备工作。

第一，明确会议主题。调查会的主题要简明、集中，且应是与会者共同关心和了解的问题，这样才能使会议始终围绕主题进行。

第二，设计调查提纲。调查会前，调查者应认真、周密考虑会议的具体内容，详细列出应该和可能了解的各项问题，便于调查者能适时根据提纲发言或组织会议。

第三，确定会议的规模。调查会的规模取决于调查内容的需要和调查者组织会议的能力。一般来讲，以了解情况为主的调查会，其规模可适当大些；以研究问题为主的调查会，其规模可适当小些；调查者驾驭会议能力较强的，参加会议的人数可多些，反之，则应少些。根据经验，参加调查会的人数以5—7人为宜，最多不要超过10人。

第四，选择到会人员。参加调查会的人员应以调查目的的不同做不同的选择，一般来说，到会的应是具有代表性、了解情况、敢于发表意见、互相信任、有共同语言的人员。以了解情况为主的调查会，要特别选择那些与调查内容直接相关的当事人、主管人和知情人参加；以研究问题为主的调查会，则应物色那些对调查课题有实践经验、有理论水平、有独到见解、有不同观点的人参加会议。会前应事先将调查的具体内容、要求和到会人员的名单告知与会的全体人员。

第五，选好会议场所与时间。会议地点应对大多数与会人员来说是方便适当的，且环境比较安静。会议的时间应比较充裕。

（2）指导和控制好调查会的全过程。

调查者对调查会的全过程的正确引导和有效控制是开好调查会的关键因素，应做好以下几方面工作。

第一，创造良好的会议气氛。为了避免调查会开得呆板、拘谨，主持人在会议开始时应简要说明会议的目的、意义、内容和要求，介绍参加会议人员。在会议初期可作一些简短的插话或解释，并鼓励到会者畅所欲言。调查会可采用通常的主持人提出问题，与会者发言、讨论的方式进行。也可采用从国外引进的两种特殊方式进行，一种是"头脑风暴法"，即会议主持者就某一方面的总议题，请到会者自由发表意见，不允许重复、反驳别人的意见。鼓励与会者在综合别人意见的基础上，提出自己的新看法。会议主持者不发表意见。这种会议方式有利于各种观点互相启发、互相借鉴、互相吸收，有利于各种意见

219

得到不断的修改、补充和完善。另一种方式叫"反向头脑风暴法",即与会者只能对会议主持人提出的设想、意见、方案进行质疑或评论,论证这一设想、意见、方案不能成立或无法实现的依据、存在的制约因素及排除这些因素的必要条件,寻求解决问题的新途径。这两种特殊的会议形式是集体访谈法在现代条件下的进一步丰富和发展,都可以使与会者在无拘无束的气氛中各抒己见。

第二,把握会议主题。为避免会议的议论离题太远,调查会的主持人应善于因势利导,把与会者的兴奋中心引向会议主题,或者围绕主题提出新的问题,形成新的议论中心,使会议始终围绕主题进行。

第三,谦虚、客观地主持会议。调查会的主持人在会议进行中要说短话,切忌滔滔不绝地讲演;要认真听取与会者的各种意见,客观地对待与会者之间的争论,不轻易表示自己的看法或倾向。这样才能给参加会议的人以充分发表自己意见的机会,才能避免对与会者产生人为的影响。

第四,做好会议记录。调查会最好由主持人边问边记录,也可派专人做会议记录。

第五,结束会议。调查会达到了预期的目的或到了预定的时间,应及时结束会议。会议结束时,主持人应做一简要小结,并对与会者的支持、合作表示感谢。

(3)做好会后的各项工作。

首先,要及时整理会议记录。应及时对会议记录进行整理,检查记录是否准确、完整,找出遗漏和错误之处。

其次,对会议情况进行分析。分析会议上反映的情况是否真实、可靠,观点是否具有代表性,并对调查结果做出评价,发现疑点和存在的问题。

最后,必要时进行查证和补充调查。对会上反映的关键事实和重要数据应进一步调查、核实,对遗漏和错误之处应进行补充调查,力求使收集的资料真实、具体、完整。

第四节 实验法

实验法是人们利用一定的物质手段（仪器设备），按照特定设计的条件和程序，人为地对研究对象进行控制、模拟或变革，以观察其变化和结果所采用的研究方法。

一　实验法的特点

（一）实践性

实验法不仅要眼看、口问、耳闻，而且要亲自动手做，即通过某种实践活动有计划地改变研究对象所处的环境，并在实践活动的基础上对研究对象的本质及其变化发展规律进行研究的方法。

（二）动态性

在实验过程中，由于实践活动的不断进行、实验环境的不断变化，研究对象本身也必然发生不断的运动和变化，实验的实践性决定了研究对象的动态性。

（三）人为性

实验法的整个研究过程是根据研究的目的，在人为控制下实施完成的。因此，实验法可以使研究者观察到在自然条件下才能观察到的现象。

（四）控制性

实验法可以将某些特定的要素分离出来，人为地对环境条件加以控制。

（五）重复性

实验法可以重复进行验证，实验过程相对可以再现和重复进行。

（六）可测性

由于实验法是可控的，所以比较便于测量，研究结果相对精确且易于进行横向比较。

二 实验法的类型

实验法按照不同的标准，可有许多不同的类型。

①按照实验环境不同，实验法可分为实验室实验法和运动现场实验法。

实验室实验法是指仅限于在实验室内进行的实验方法。它的特点是实验过程控制严密，指标精确可靠，数据处理及技术手段先进。一般情况下，实验室实验仅限于在研究所及大专院校进行，可以进行从亚分子水平到整体水平的研究。

运动现场实验法是指直接在运动教学、训练场地进行的实验方法，以应用性研究居多。

②从外语教育科研的角度，基本上可以把实验法分为定性实验法与定量实验法。

定性实验法是指通过实验，根据事物的某些特征因素，判定事物的全部或部分属性的实验方法。

定量实验法是指通过实验，以量化指标反映事物变化的根本特征，并进而发现事物内在规律的实验方法。

③根据研究问题的性质，可以把实验法分为基础研究实验法与应用研究实验法。

基础研究实验法是指专门研究外语运动中基本理论问题的实验方法。它注重事物之间的内在联系及其规律性，注重对方法与理论的探索，不一定直接解决外语运动中的问题。但是，基础研究实验法对于促进外语运动的发展，在某种程度上起着决定性的作用，如训练理论的生物学基础与运动技术理论的生物力学基础有氧训练与无氧训练理论等。

应用研究实验法是指有针对性地解决外语运动中现时存在问题的

实验方法。它重在实用，目的性与实效性并举，但不一定从理论上探索，只注重具体的技术方法及手段。

④按照组织形式不同，实验法可分为单组实验法、对照组实验法和多实验组实验法。

实验由施加因素（自变量）、实验对象（被试）、实验结果（因变量）三个基本要素构成。实验的目的就是找出或确定自变量与因变量二者之间的因果关系。

三 实验的基本要素

（一）施加因素

实验中的施加因素又称为处理因素，即在实验中专门施加和等检验的、假定对实验对象发生某种作用的突出因素。施加因素是依据实验的目的由实验者经过选择，可以控制并施加于实验的刺激的因素，它是实验前研究对象所不具备的某些内容、结构等因素。

在一项（次）实验中，所施加的可以是单因素的，也可以是多因素的。在考虑和确定施加因素时，应尽可能使施加因素单纯化，以排除非施加因素对实验的干扰；整个实验过程中施加因素的强度、性质、施加方式必须标准化，并始终保持一致。

在确定施加因素的数量、类型后，可参考有关资料及他人的经验，将施加具体化，即明确规定和设计施加因素的内容范围、结构、数量、施加时间、施加程序、操作方法等，并力求使其规范化、标准化，具有稳定性、客观性和可操作性，从而保证实验的可行性和有连续稳定的实验效应。

（二）实验对象（被试）

实验对象是指实验课题所涉及的实验研究总体。但在实际研究过程中，不可能对实验总体的全部个体进行全面的实验研究。从实验总体中制取的实验个体为实施样本，它是实施实验中的具体参加者、受试者。

当实验样本是人时，选择中需要考虑除种族、地域、性别、年龄等一般条件外，还要考虑爱好、兴趣、生活习惯、居住条件、经济状况、家庭情况和心理状态的一致性或近似性等因素，尽量使样本个体间差异最小。实验样本量的大小应根据课题研究的需要、指标的性质、误差的大小以及实验对象对施加因素反映的强弱等因素来确定。一般30例以下为小样本，30—100例为大样本。

（三）实验结果（因变量）

实验结果是通过具体的指标观察和检测得到的。因此，选取实验结果的观测指标，对获取实验结果至关重要。选取的指标应具备以下条件：

1. 指标的有效性

指标的有效性指所选择的指标与研究课题紧密相关，能确实、有效地反映施加因素的作用与效应，指标内容完全是因旋加因素的本质作用所造成的。

2. 指标的客观性

指标的客观性指指标数据的获得及其稳定程度不受实验者和实验对象主观态度的影响，而是施加因素的本质效应的稳定客观存在，具有高度的可靠性。指标分客观指标（通过测量得到的指标）和主观指标（实验对象的主观感觉或实验者的主观判断）两类。在选择指标时，应尽量减少或不用主观指标。

3. 指标的代表性

施加因素的效应是多方面的，代表这些作用的指标也是多样的。根据实验的需要和主、客观条件，应选取既能反映其本质效应，又客观可信、代表性强的典型指标、关键指标。

4. 指标的规格化、标准化

指标的规格化、标准化是指观测方法、手段、操作标准、操作步骤、时间的规格化与标准化，及观测记录的方式、格式、符号、时间的规格化与标准化。

教育科研就方法来说就是提出假说、验证假说的过程，其工作程序是紧密围绕这条主线进行的。而这一过程，有一套基本程序。

四 实验研究的基本程序

（一）立题

研究所要研究的课题。课题决定科研方向和总体内容，是设计的前提。

一是课题的确定。分析总结前人或别人在研究工作及进展情况、取得的成果和尚未解决的问题，找出所要探索的研究课题的关键所在，或在实际研究工作中发现问题，查阅有关文献，建立假说。

二是立题的原则。课题目的性明确，具有创新性和科学性，且切实可行。

（二）实验设计

制定实验的具体内容、方法和任务，有效控制干扰因素，确保数据的可靠性和精确性。

（三）实验和观察

（1）理论准备：实验的理论基础，假说的理论基础，实验方法、技术等的参考文献资料查阅和备档。

（2）实验材料与设施准备：仪器设备、药物试剂、剂量的初步选定，实验方法与指标的建立，实验对象的准备。

（3）预备实验：对课题的初步实验。为课题和实验设计提供依据，为正式实验熟悉实验技术，修正实验对象的数量，改进实验方法和指标，调整处理因素的强度或量等。

（4）实验及其结果的观察记录：按照预备实验计划对实验内容进行文字、数据、表格、声像等记录。

（5）实验结果的处理分析。根据实验设计时确定的统计学方法，将原始数据整理成表，进行数据处理和分析。

（6）研究结论。从实验观察结果得出研究的结论，以回答原来的假说是否正确。

（四）论文撰写

将实验研究结果撰写成实验报告或论文。

（一）实验设计的原则

1. 对照原则

使用对照组的方法能够尽可能地减少非实验因素给实验结果所带来的误差。对照可分为：

（1）空白对照：不对受试对象作任何处理的对照；

（2）假处理对照（实验对照）：不进行实验特定的处理，其他处理相同；

（3）自身对照：对照与处理在同一受试对象中进行，这种对照可以最大限度地减少抽样误差，应考虑处理的后效应问题；

（4）标准处理：对现有的标准方法或典型方法、标准作为对照；

（5）相互对照：处理组间互为对照；

（6）历史对照：用以往的研究结果或历史文献资料为对照，但由于时间、地点和条件不同，在进行对照时需要按照实验的要求谨慎选用。

2. 随机化原则

随机指的是从总体中任意制取一个样本，在这期间每一个样本都有同样的机会被抽取。这种随机抽样的方法可以减小误差。在实验中，对照组与实验组除某种特定处理因素不同外，其他非特定因素最好是完全一样、均衡。当然，绝对的均衡是不可能的，但尽最大可能达到均衡是可以争取的，这就需要使用随机抽样的方法来进行试验设计了。

随机抽样的方法很多，如查随机数字、抽签等。

3. 重复原则

每一实验应有足够数量的例数和重复次数，样本所含的数目越大或重复的次数越多，则越能反映机遇变异的客观真实情况，重复次数的多少也能反映出试验结果的可靠性。但是如果样本的例数太多或者试验重复次数过多，不但影响实验的进程，而且也有一定的困难，这完全是不必要的，所以实验设计就是要做样本的重复次数减少到不影响实验结果的最小限度。

实验结果的重复率至少要超过95%，这样做出错误判断的可能性小于5%（$P<0.05$）。如果一定数量的样本能获得$P<0.05$水平的实验，当然要比过量样本获得$P<0.05$的更可取，因为其更经济。决定样本数量取决于：

（1）处理效果：效果越明显所需重复数越小；

（2）实验误差：误差越小所需样本数减少；

（3）抽样误差：样本的个体差异雨点小，反映越一致，所需样本数就越小；

（4）资料性质：计数资料样本数要多一些，计量资料则相应减少。

4. 平衡原则

一个实验设计方案的均衡性关系到实验研究的成败，应该充分发挥多重因素和各种知识结构的作用，实验者也应该集思广益，方可有效地提高实验设计方案的均衡性。

5. 最经济原则

设计最佳实验设计方案，减少对资金、人力、物力的损耗，当然也包括对时间的分配。

（二）实验对象的选择

实验对象也就是研究课题所要研究的对象。实验对象既是我们拟施加某种因素的施加对象，也是反映实验效应的载体。在学校外语教育科研中，实验对象多为人和动物等生物体。例如，在外语教学训练方面的一些实验研究中，实验对象主要是学生和运动员。

选择实验对象应注意以下几点。

（1）首先要根据研究目的和研究任务的需要来选择实验对象。

（2）同一实验中的不同实验对象在各方面的条件应尽可能相同或

相似。除应考虑种族、地域、性别、年龄等一般条件外，还需要考虑其个性特点、兴趣爱好、身体和技能水平等方面的一致性或近似性。

（3）选择实验对象要符合随机抽样的原则。一般情况下，实验对象往往是研究对象（总体）的一部分（样本）。为确保实验对象的代表性，在选择实验对象时必须遵循随机抽样的原则。

（4）实验对象的例数应根据研究课题的需要来确定，同时，还应满足外语统计学关于数据处理的需要。一般规定30—100例（对）为大样本；30例（对）以下为小样本；若不足10例（对）则认为不具备统计学意义。

（三）实验效应

实验效应是指在实验过程中，实验因素作用于实验对象之后所产生的效果或反应。例如，对排球运动员进行增强腿部力量的训练，练习一段时间后，排球运动员的纵跳高度明显提高。"纵跳高度明显提高"就是"增强腿部力量训练"这个施加因素所产生的作用效果。

实验效应的准确程度、可靠程度、客观程度，必须通过能反映实验效应的观测指标来衡量。因此，选择实验效应的观测指标，对获取有价值的、真实的实验效应，有着至关重要的意义。

1. 指标的性质

指标一般可分为计数指标和计量指标。

（1）计数指标：凡以"合格"、"不合格"或"完成"、"未完成"来反映各自有多少例数的指标，都属于计数指标。计数指标反映事物的性质或质量，常用"率"，进行处理和分析。例如，某中学达到国家外语锻炼标准的学生中，合格者占百分之多少，不合格者占百分之多少。

（2）计量指标：能够区分事物或现象物理量大小的数量标志在测量学中称为计量指标。例如，身高、体重、血压、跑的成绩、跳的高度、投掷的远度等。计量指标通常用平均数和标准差等计量数据的统计方法来进行数据处理和分析。

2. 指标的有效性

所选择的指标必须与研究课题有特异性联系，指标应能够全面、准确地反映实验效应，或者说是能够反映实验对象的性质或特征。可以通过查阅文献资料或理论推导确定指标的有效性。

3. 指标的客观性

指标分客观指标和主观指标。客观指标是通过测量表示的结果，是用测量仪器实际观测到的客观存在的数据。主观指标指被试叙述本人的主观感觉或实验操作者的主观判断。在实验设计时要尽可能选用能够客观记录和观测的客观指标。

（四）实验观察和记录

实验记录时应严谨、细致，实事求是。研究者不仅要设法取得原始资料或数据，而且要应用数理统计学原理和方法来处理数据和对数据进行分析判断。进行统计学的显著性测验，测量均值或百分数对估计总体的可能程度；比较两组以上计数值之差异是否显著，以此推论事物的一般规律，或否定原先假说，或上升为结论或理论。

（五）实验误差及误差的控制

从实验设计到实验结束的过程中，往往会由于各种原因而出现影响或干扰实验结果的误差。

1. 实验设计阶段容易造成误差的主要原因

（1）由生物原因引起的误差。如种族差异、地区差异、生理状态与健康状态差异等。即便是同年龄、同性别、同地区的个体在血压数值方面也会存在差异。

（2）由条件引起的误差。实验组与对照组在实验前所处的物理、营养等外部条件不一致而出现的误差。

（3）由分组引起的误差。比如进行实验分组时，实验组与对照组的个体不是按随机取样的原则操作而出现的误差。

2. 实验实施阶段容易造成误差的主要原因

（1）由迁移引起的误差。即前一种学习或训练，对后一种学习或训练所产生的影响。比如，采用 A、B 两种不同的教学组织方式对甲、乙两个学校的同一年级的学生进行教学实验，通过实验以确认它们对形成动作技能效果的差异。有时，尽管在实验后，其实验结果证明 A 方式比 B 方式的效果好，但是如果在实验之前，采用 A（或 B）实验方式的学生，由于受到某种方式训练的影响，即该方式对实验结果产生的正或负的迁移时，我们就会对该实验的结论，即"A 方式比 B 方式的效果好"产生怀疑。

（2）由不同水平的操作者引起的误差。比如实验组和对照组的被试以及实验的外部条件尽管均衡，但是由于实验执行者在操作时处于显著的不同水平，也会导致操作过程中出现误差。

对上述各种原因所可能产生的误差，应在实验设计时充分考虑，选择有力的措施加以有效的控制。

五 常用实验设计

实验法是指进行实验时控制实验条件和安排实验程序的方式和手段。通过对实验中处理因素的合理安排，达到经济、高效的目的。

（一）单因素实验设计

单因素实验法是在实验时只施加一种实验因素，而使其他实验因素保持不变，从而研究该实验因素（自变量）与实验结果（因变量）之间关系的方法。按实验因素所取水平的多少，单因素实验法可分为单因素两水平实验法和单因素多水平实验法。

单因素两水平实验是指在单因素实验中，使用因素只取两种水平的实验，如两种教学方法的比较实验、两种教材的比较实施等。单因素两水平实验法是外语科研中常用的实验方法之一，基本方法有单组法和轮组法。

1. 单组法（自身比较法）

把实验因素的两个水平（A_1、A_2）先后施于同一组实验对象

(S)，然后测量其经过实验因素的两个水平的影响后所发生的变化（C_1、C_2），比较其效果（D）。实验程序如下：

实验对象→（前侧→水平$_1$→后侧→进退数$_1$）

（前侧→水平$_2$→后侧→进退数$_2$）

实验程序表明：运用单组法，需要选择一组实验对象，在对实验对象施加实验因素的影响前，对其施行一次测试（前测 – IT）。前测后，对实验对象施加实验因素的第一水平的影响，经过一段时间，对实验对象再施行一次测试（后测 – FT），求出实验对象在后测于前测中所取得的进退数，这是实验因素的第一水平的效果。用同样的方法将实验因素的第二水平也对该组实验对象施加一段时间，求出施加实验因素的第二水平的影响后的测验成绩（后测2）与在实验因素的第二水平所产生的效果。即

$S→(IT_1→A_1→FT_1→C_1)$

$(IT_2→A1→FT_2→C_2)$

实验效果（进退数）：$C_1 = FT_1 - IT_1$，$C_2 = FT_2 - IT_2$

实验效果：$D = C_1 - C_2$

若计算的结果 $D > 0$，则说明实验因素的第一水平的效果较好；若 $D = 0$，则说明实验因素的两个水平在实验对象身上所产生的效果没有差异；若 $D < 0$，则说明实验因素的第二水平的效果较好。比较效果是否确实存在，须进行效果统计检验。

2. 等组法（组间比较法）

把实验因素的两个不同水平（A_1、A_2）分别施加于两组情况等同或基本等同的实验对象（S_1、S_2），然后测量和计算出实验因素的两个水平在各组所产生的变化或进退数（C_1、C_2），再求出两个水平所产生的变化的差数（D），从而比较实验因素各水平的实验效果。其程序如下：

被试$_1$→（前测$_1$→水平$_1$→后测$_1$→进退数$_1$）

被试$_2$→（前测$_2$→水平$_2$→后测$_2$→进退数$_2$）

运用等组法，首先要将实验对象分为情况相等同或基本等同的两组，分组可采用随机分配法（用随机抽样的方法将实验对象分为两组）或配对法（根据实验对象的基本情况，分为条件基本相同的两组）。然后，运用同一量表测量两组实验对象，得出两组测验成绩（前测1、前测2）。前测后，对第一组实验对象施加实验因素的第一水平的影响，对第二组实验对象施加实验因素的第二水平影响。经过一段时间后，再用与前测等值的测量表分别测量实验对象得出两组测验成绩（后测1，后测，2）。最后，先分别求出各组的后测成绩与前测成绩之差，得出进退数$_1$和进退数$_2$，再求出进退数$_1$与进退数$_2$之差，即为实验结果。即：

$$S \rightarrow (IT_1 \rightarrow A_1 \rightarrow FT_1 \rightarrow C_1)$$
$$(IT_2 \rightarrow A1 \rightarrow FT_2 \rightarrow C_2)$$

实验效果（进退数）：$C_1 = FT_1 - IT_1$，$C_2 = FT_2 - IT_2$

实验效果：$D = C_1 - C_2$

若计算的结果 $D > 0$，则说明实验因素的第一水平的效果优于实验因素的第二水平的效果；若 $D = 0$，则说明实验因素的两个水平在实验对象身上所产生的效果没有差异；若 $D < 0$，则说明实验因素的第二水平的效果优于实验因素的第一水平的效果。同样，比较效果是否确实存在，须进行效果统计检验。

3. 轮组法

把实验因素的两个水平，轮换施加于两组实验对象，然后根据每个水平在两组内所产生的变化的总和来决定实验结果。实验程序如下：

实验对象$_1 \rightarrow$（前测$_{11} \rightarrow$水平$_1 \rightarrow$后测$_{11} \rightarrow$进退数$_{11}$）
（前测$_{12} \rightarrow$水平$_1 \rightarrow$后测$_{12} \rightarrow$进退数$_{12}$）

实验对象$_2 \rightarrow$（前测$_{22} \rightarrow$水平$_1 \rightarrow$后测$_{22} \rightarrow$进退数$_{22}$）
（前测$_{21} \rightarrow$水平$_1 \rightarrow$后测$_{21} \rightarrow$进退数$_{21}$）

运用轮组法，需将实验对象分为两组（实验对象$_1$、实验对象$_2$），但两组可不必等同。首先对实验对象$_1$施加实验因素的第一水平的影响，得出进退数$_1$。然后，对实验对象$_2$施加实验因素的第二水平的影响，得出进退数$_2$。同时，将实验因素的两个水平在实验对象$_1$再实验一遍，实验的顺序与实验对象$_2$的实验顺序相反。最后分别求出实验因素的两个水平在两个实验对象组内所产生的实验效果。

实验因素的第一水平在两被试组内所产生的效果为：

$S_1 \to (IT_{11} \to A_1 \to FT_{11} \to C_{11} = FT_{11} - IT_{11})$

$S_2 \to (IT_{21} \to A_2 \to FT_{21} \to C_{21} = FT_{21} \to IT_{21})$

实验因素的第二水平在两倍试组内所产生的效果为：

$S_1 \to (IT_{12} \to A_1 \to FT_{12} \to C_{12} = FT_{12} - IT_{12})$

$S_2 \to (IT_{22} \to A_2 \to FT_{22} \to C_{22} = FT_{22} \to IT_{22})$

实验效果：$C_1 = C_{11} + C_{21}$，$C_2 = C_{12} - C_{22}$

实验效果：$D = C_1 - C_2$

若计算的结果 $D > 0$，则说明实验因素的第一水平的效果较好；若 $D = 0$，则说明实验因素的两个水平在实验对象身上所产生的效果没有差异；若 $D < 0$，则说明实验因素的第二水平的效果较好。同样，比较效果是否确实存在，须进行效果统计检验。

（二）多因素实验设计

单因素实验，只能解决一个因素的不同水平间的比较问题。比如教学方法的实验，只能比较在教学时间或教材内容等因素相同的情况下各种教学方法的优劣。若同时考虑教学方法和教材都不同的情况下，各种教法和教材对教学效果的影响如何，这就需要用多因素实验方法了。

1. 析因实验设计

析因实验设计是将每个处理因素的所有水平相互结合在一起，研究各处理因素间作用的一种实验设计方案。具体做法是先按照随机分组的原则，将实验对象随机地分配到各组；然后对各组先施加不同的处理因素，经过一段时间后，再将施加于各组的处理因素交换，并统计处理的结果。实验次数是处理因素个数和水平数的乘积。

以 2^2 设计为例。2^2 设计是指有 2 个处理因素，每个处理因素有 2 个水平的实验设计。实验共有 $2 \times 2 = 4$ 次，各因素、各水平均组合 1 次。用 a_1 表示 a 处理因素的一个水平，a_2 表示 a 因素处理的另一个水平；用 b_1 表示 b 处理因素的一个水平，b_2 表示 b 处理因素的另一个水平。各次实验的因素组合如下：

表 8-2　　　　　　　　　　2^2 析因实验设计

$a_1 b_1$	$a_1 b_2$
$a_2 b_1$	$a_2 b_2$

析因实验设计常用于不同的方法或训练手段效果的实验研究，其论证强度较高，对实验数据的处理多采用方差分析法。

2. 拉丁方实验设计

拉丁方实验设计的构成方式是用拉丁字母组成正方形排列，在正方形中，同一行或同一列没有重复的字母；既可用行代表处理因素，用列代表实验水平；也可用行代表实验水平，用列代表处理因素。

现以 5×5 拉丁方实验为例。如果需要研究 5 种运动饮料（A、B、C、D、E）对长跑运动员"极点"出现时间的影响，可做如下实验设计：

表 8-3　　　　　　　　　　5×5 拉丁方实验安排表

实验次数	实验对象				
	甲组	乙组	丙组	丁组	戊组
1	A	B	C	D	E
2	B	C	D	E	A
3	C	D	E	A	B
4	D	E	A	B	C
5	E	A	B	C	D

也就是说，第一次实验中，甲组饮用 A 种饮料，乙组饮用 B 种饮料……第二次实验中，甲组饮用 B 种饮料，乙组饮用 C 种饮料……依此类推。

3. 正交实验设计

正交实验是拉丁方设计的自然推广，它不仅保持了析因设计的特点，而且又克服了析因实验设计处理因素有限的不足，所以，它是同时确定各处理因素间相互作用及实验水平的最佳设计方案；其数据处理也是采用多因素的方差分析法。

最简单的正交表是 $L_4(2^3)$。其中，L 表示正交表，4 表示共需做 4 次实验，3 表示有 3 个处理因素，2 表示每个处理因素分 2 个实验水平（表 8-4）：

表 8-4　　　　　　$L_4(2^3)$ 实验安排表

试验次数	实验对象		
	处理因素 1	处理因素 2	处理因素 3
1	水平 1	水平 1	水平 1
2	水平 1	水平 2	水平 2
3	水平 2	水平 1	水平 2
4	水平 2	水平 2	水平 1

参考文献

[1] Rob Kelly, Using "Microlectures" to Improve Your Online Courses, *Online Classroom*, 2010 (3).

[2] Adams, P., The Role of Scholarship of Teaching in Faculty Development: Exploring an Inquiry-based Model, *International Journal of the Scholarship of Teaching and Learning*, 2009, 3 (1): 1–22.

[3] Avalos. B., Teacher Professional Development in Teaching and Teacher Education over Ten Years, *Teaching and Teacher Education*, 2011, 27 (1): 10–21.

[4] Blaine McCormick, Van Gray, Message in a Bottle: Basic Business Lessons for Entrepreneurs Using Only a Soft Drink, *Journal of Management Education* (online), 2010 (12).

[5] Benesch, *Considering Emotions in Critical English Language Teaching: Theories and Praxis*, London: Routledge, 2012.

[6] Benson, P., Autonomy in language teaching and learning, State of the art, *Language Teaching*, 2007, 40: 21–40.

[7] Beycioglu K., Ozer N. & Ugurlu C. T., Teachers' Views on Educational Research, *Teaching and Teacher Education*, 2010, 26 (4): 1088–1093.

[8] Cowie N., Emotions that Experienced English as a Foreign Language (EFL) Teachers Feel about Their Students, Their Colleagues and

Their Work, *Teaching and Teacher Education*, 2011, (27): 235 - 242.

[9] Eng B. C., *A Chinese Perspective on Teaching and Learning*, New York: Routledge, 2012.

[10] Esmé., R. C., *Educating Esmé: Diary of a Teacher's First Year*, New York: Algonquin Books of Chapel Hill, 2009.

[11] Luisa Robledo, Small School Expands use of "One-Minute Lectures", http://www.browndailyherald.com/2.12237/small-school-expands-use-of-one-minute-lectures-11667493. (2009-3-18) [2012-10-22].

[12] Kumaravadivelu B., *The Post Method Condition: Emerging Strategies for Second Foreign Language Teaching*, TESOL Quarterly, 1994, 28 (1).

[13] Barkhuizen & Borg, *Professional Development for Language Teachers*, ERIC Digest.

[14] Washington, D. C.: ERIC Clearinghouse on Languages and Linguistics, 2009.

[15] Matt Crosslin, (2009), *Microlectures: A constructivist's Dream come true*, EduGeek Journal, 2009.

[16] MOOCs, *Emerging Technologies, and Quality*, Libby V. Morris, Innovative Higher Education, 2013 (4).

[17] Carr W., Kemmis S., *Becoming Critical: Education*, Knowledge and Action Research, 1986.

[18] 任庆梅：《个案研究反思性教学模式在外语教师专业发展中的作用》，《外语界》2006年第6期。

[19] 文秋芳、王海妹、王建卿、赵彩然、刘艳萍：《我国英语专业与其他文科类大学生思辨能力的对比研究》，《外语教学与研究》2010年第5期。

[20] 吴一安：《优秀外语教师专业素质探究》，《外语教学与研究》

2005年第3期。

[21] 周燕：《高校英语教师发展需求调查与研究》，《外语教学与研究》2005年第3期。

[22] 文秋芳、任庆梅：《专业发展研究的特点、趋势、问题与对策——对我国1999—2009相关文献的分析》，《中国外语》2010年第4期。

[23] 罗刚淮：《从"微课 微型课题 微型讲座"例谈教师的教学研究》，《学校党建与思想教育》2012年第7期。

[24] 姚正东：《微课程设计策略探微》，《中小学信息技术教育》2012年第6期。

[25] 李碧雄：《国外教师专业发展模式及对我国的启示》，《湖南教育》2007年第8期。

[26] 靳希斌：《教育产权与教育体制创新——从制度经济学角度分析教育体制改革问题》，《广东社会科学》2003年第4期。

[27] 裴跃进：《教学名师资源：内涵、分类及开发》，《中国教育学刊》2013年第8期。

[28] 张治国：《"一带一路"建设中的语言问题》，《语言文字应用》2016年第11期。

[29] 蒋茵：《国外教师专业发展的新范式及其对中国的启示》，《全球教育展望》2005年第9期。

[30] 钟智：《教师专业发展学校的构建》，《教师教育研究》2005年第4期。

[31] 张锁荣、洪浩：《教师专业发展学校建设的实践与思考》，《继续教育》2005年第7期。

[32] 蒋国平：《创建学习型学校促进教师专业发展》，《基础教育研究》2005年第5期。

[33] 刘艳萍：《论教师专业发展型学校之构建》，《现代教育科学》2005年第2期。

[34] 张霞、郑小军：《基于"平民技术"的高效网络化学习》，《国信息技术教育》2012年第8期。

[35] 张培元：《"微"年度汉字见证"微力量"》，《海峡都市报》2012年第18期。

[36] 操太圣、卢乃桂：《伙伴协作与教师赋权：教师专业发展新视角》，教育科学出版社2007年版。

[37] 苌光锤、李福华：《学术共同体的概念及其特征辨析》，《煤炭高等教育》2010年第5期。

[38] 陈冰冰、陈坚林：《大学英语教学改革环境下教师信念研究》（之一），《外语电化教学》2008年第2期。

[39] 陈冰冰、陈坚林：《大学英语教学改革环境下教师信念研究》（之二），《外语电化教学》2008年第4期。

[40] 陈时见：《教师教育课程论：历史透视与国际比较》，人民教育出版社2011年版。

[41] 成晓光、赵华威、王国华：《大学外语教师语言哲学认知的研究》，《当代外语研究》2013年第3期。

[42] 程文华：《外语教师课堂学习的个案研究》，外语教学与研究出版社2010年版。

[43] 程晓堂：《英语教师课堂话语分析》，上海外语教育出版社2009年版。

[44] 教育部：《全日制义务教育英语课程标准》，北京师范大学出版社2011年版。

[45] 金玲、朱神海：《外语教师自主专业发展探究》，《钦州学院学报》2009年第4期。

[46] 靳玉乐：《学校课程领导论：理论研究与实践探索》，人民教育出版社2011年版。

[47] 刘思阳：《建构主义视野下的反思型英语教师专业发展》，《教育与职业》2012年。

[48] 刘蕴秋、邹为诚：《教育见习课程对职前英语教师专业发展影响探究》，《全球教育展望》2012 年第 8 期。

[49] 卢慧霞、吴宗杰：《自主教学与教师专业发展——从一位教师成长经历得到的启示》，《当代教育科学》2007 年第 2 期。

[50] 卢乃桂、钟亚妮：《国际视野中的教师专业发展》，新华通讯社 2005 年版。

[51] 孟春国：《高校外语教师反思教学观念与行为研究》，《外语界》2011 年第 4 期。

[52] 芮燕萍：《大学英语教师专业发展状况实证研究：以教师反思与教学实践为例》，上海外国语大学 2011 年版。